TARÔ CLARO E SIMPLES

Josephine Ellershaw

TARÔ CLARO E SIMPLES
Aprenda a ler as cartas de maneira rápida e prática!

Tradução:
MARCELLO BORGES

Editora Pensamento
SÃO PAULO

Título do original: *Easy Tarot Handbook* e *Gilded Tarot*.
Easy Tarot Handbook © 2007 Josephine Ellershaw.
The Gilded Tarot Cards © 2004 Ciro Marchetti.

Traduzido do livro *Easy Tarot Handbook* e *Gilded Tarot*, publicado por Llewellyn Publications, Woodbury, MN 55125, USA – www.llewellyn.com

Copyright da edição brasileira © 2013, 2021 Editora Pensamento-Cultrix Ltda.

Organizado por Lee Lewis Walsh.

2ª edição 2021. / 2ª reimpressão 2022.

Esta edição possui capa e embalagem novas, mas o conteúdo do livro se mantém inalterado.

Todos os direitos reservados. Nenhuma parte desta obra pode ser reproduzida ou usada de qualquer forma ou por qualquer meio, eletrônico ou mecânico, inclusive fotocópias, gravações ou sistema de armazenamento em banco de dados, sem permissão por escrito, exceto nos casos de trechos curtos citados em resenhas críticas ou artigos de revistas.

A Editora Pensamento não se responsabiliza por eventuais mudanças ocorridas nos endereços convencionais ou eletrônicos citados neste livro.

Editor: Adilson Silva Ramachandra
Coordenação editorial: Denise de C. Rocha Delela e Roseli de S. Ferraz
Preparação de originais: Roseli de S. Ferraz
Produção editorial: Indiara Faria Kayo
Assistente de produção editorial: Estela A. Minas
Revisão: Maria Aparecida Andrade Salmeron e Vivian Miwa Matsushita
Editoração Eletrônica: Fama Editoração Eletrônica

Dados Internacionais de Catalogação na Publicação (CIP)
(Câmara Brasileira do Livro, SP, Brasil)

Ellershaw, Josephine
  Tarô claro e simples: aprenda a ler as cartas de maneira rápida e prática! Josephine Ellershaw; tradução Marcello Borges. — 2 ed. — São Paulo: Editora Pensamento Cultrix, 2021.

  Título original: Easy tarot handbook.
  ISBN 978-65-87236-53-7
  1. Cartas de tarô 2. Cartomancia 3. Esoterismo 4. Tarô - Cartas 5. Tarô - Estudo e ensino I. Título
  20-49602   CDD - 133.5

Índices para catálogo sistemático
1. Tarô : Esoterismo 133.25
Aline Graziele Benitez - Bibliotecária - CRB -1/3129

Direitos de tradução para o Brasil adquiridos com exclusividade pela
EDITORA PENSAMENTO-CULTRIX LTDA., que se reserva a
propriedade literária desta tradução.
Rua Dr. Mário Vicente, 368 - 04270-000 - São Paulo - SP
Fone: (11) 2066-9000
E-mail: atendimento@editorapensamento.com.br
http://www.editorapensamento.com.br
Foi feito o depósito legal.

Dedicatória

*À memória querida do meu pai, John,
que me ensinou o poder de acreditar.*

Agradecimentos

Àqueles que amo, cuja presença inspira as cores da minha vida...
Há diversas pessoas às quais desejo agradecer sinceramente por seu apoio e incentivo — não fosse por isso, este livro nunca teria sido escrito.

Meus familiares foram incrivelmente compreensivos durante o processo de redação deste livro, escrito, em sua maior parte, enquanto dormiam: Daphne, que corria pela casa para "manter as lareiras acesas"; todos deveriam ter uma mãe como a minha. Robert e Emily, meus filhos, que aceitaram tudo, me incentivaram e demonstraram senso de humor o tempo todo.

Minha boa amiga Sheila, que de vez em quando batia na porta para oferecer xícaras de chá e dar apoio moral, nas *primeiras* horas da manhã.

Reid, que me lembrou que a busca de nossos sonhos baseia-se na paixão.

Lisa Finander, minha editora, por seu entusiasmo e incentivo enquanto me guiava durante o processo.

Por último, mas não menos importantes, essas incríveis pessoas do mundo todo, "encontradas" por meio de meu site, que tocaram a minha vida com suas experiências, desafios pessoais e belas mensagens.

Muito obrigada!

Sumário

Prefácio.. *17*

Parte Um: Boas Bases.. **21**
   Primeiro passo: Histórico.................................... 25
      Tudo começa com você............................... 25
      Nada de lições de história............................ 26
      Sobre o baralho de Tarô............................... 27
      Apresentando o Tarô Dourado................... 28
   Segundo passo: Respondendo às suas perguntas........... 30
      Como funciona o Tarô?................................ 30
      Quem usa as cartas do Tarô?....................... 31
      Preciso ser um sensitivo?.............................. 32
      De quanto tempo preciso até poder fazer leituras?.. 32
      Destino ou livre-arbítrio?.............................. 34
      Livrando-se de alguns mitos e conceitos errôneos..... 36
      Sobre outras ciências antigas....................... 37
   Terceiro passo: Fazendo preparativos................ 39
      Cuidando de suas cartas de Tarô................ 39
      Orientação e proteção................................... 40

Usando um cristal	41
Preparando seu baralho de Tarô	43
Quarto passo: Segredos do aprendizado	45
Sua principal ferramenta de aprendizado	45
Que tipo devo usar?	45
Como e por que registrar as informações	46
Sobre sonhos e desenvolvimento psíquico	48
Sua intuição	50
Juntando tudo	52
Quinto passo: Pouco antes de começar...	54
Uma carta isolada não faz uma leitura	55
Sobre cartas invertidas	57
Sobre as tiragens do Tarô	58
Começando	58
Depois de completar cada naipe	60
Felicitações	60
Resumo de suas ferramentas de trabalho	60

Parte Dois: Conhecendo o Tarô **61**

Sexto passo: Os Arcanos Menores — Naipe de Paus	62
Sétimo passo: Os Arcanos Menores — Naipe de Copas	74
Oitavo passo: Os Arcanos Menores — Naipe de Espadas	88
Nono passo: Os Arcanos Menores — Naipe de Ouros	99
Décimo passo: Sobre as cartas da Corte	110
Décimo primeiro passo: Os Arcanos Menores — Os Valetes	115

Décimo segundo passo: Os Arcanos Menores —
Os Cavaleiros.. 120
Décimo terceiro passo: Os Arcanos Menores —
As Rainhas... 125
Décimo quarto passo: Os Arcanos Menores — Os Reis 133
Décimo quinto passo: Os Arcanos Maiores................. 142

Parte Três: Preparação para Leituras....................... 177
Décimo sexto passo: Preparando-se para ler 178
    Leitura para si mesmo 179
    Preparação 179
    Perguntando ao Tarô 179
    Embaralhando e cortando 181
    Usando um significador 183
    Registrando as leituras em seu diário 185
    Exemplo de registro num diário de Tarô.............. 186
    Antes de começar, alguns conselhos úteis............ 187

Parte Quatro: Várias Tiragens do Tarô em Profundidade 191
    Que tipo, quando e por quê?............................... 192
    Décimo sétimo passo: A Cruz da Verdade................. 194
    Sobre sua leitura.. 196
    E se parecer que as cartas não têm nenhuma relação? 197
    Analisando sua precisão...................................... 199
    Exemplo de leitura: A Cruz da Verdade............... 199
    Pontos a destacar... 203
    Décimo oitavo passo: A Tiragem de Nove Cartas......... 205

Décimo nono passo: A Cruz Celta 207
   Insights adicionais sobre a Cruz Celta 212
   Cenários "e se" 216
   O tempo e a Cruz Celta 220
Vigésimo passo: A Tiragem da Vida e a Âncora 224
   Posições da Tiragem da Vida 227
   A Âncora 228
   Como as tiragens "não fixas" diferem e regras que se aplicam 230
   As cartas-chave 231
   Impacto sobre agrupamentos em área 232
   Conexão com a Tiragem em Âncora 234
   O tempo e a Tiragem da Vida 236

Parte Cinco: Toques Finais 237
Vigésimo primeiro passo: Associações de cartas 238
   Exemplo de Tiragem da Vida 240
   As cartas com as quais você não consegue lidar direito 242
   Sobre as cartas "embaraçosas" 244
   Colocando tudo em perspectiva 246
   Sobre doenças 248
   Combinações de cartas 251
Vigésimo segundo passo: Vivendo com o Tarô 255
   Leituras para terceiros 256
   Leituras para menores de idade 259
   Algumas palavras finais 260

Parte Seis: Ferramentas e Gabaritos Úteis...................... **263**
   Tabela de consulta dos Arcanos Menores................ 264
   Tabela de consulta dos Arcanos Maiores................. 266
   Gabarito da Cruz da Verdade 268
   Gabarito da Cruz Celta 269
   Gabarito da Tiragem da Vida 270
   Gabarito da Âncora... 271

Namaste.

O Tarô tem sido meu companheiro constante numa jornada que abrange mais de três décadas, durante as quais ele nunca deixou de me surpreender ou de levar conforto com seu profundo sistema de sabedoria e orientação.

Ao longo dos anos, fiquei cada vez mais intrigada com o número de pessoas que me diziam que tinham um baralho de Tarô, mas que ele estava sem uso "em alguma gaveta da casa" porque não tinham conseguido aprender a ler as cartas.

Isso me fez relembrar minha própria frustração no aprendizado do Tarô, e acabei escrevendo *Tarô Claro e Simples* na esperança de facilitar o caminho dos tarólogos e prevenir alguns dos obstáculos que por vezes são encontrados.

Este livro contém exatamente o formato e as informações que uso para realizar leituras, e segue um processo passo a passo de aprendizado que chamo de "A Técnica do Tarô". Ele tem funcionado para mim e para as pessoas com quem eu o compartilhei, e por isso, neste momento, peço-lhe apenas que acompanhe esses passos na ordem apresentada.

Quando a Llewellyn aceitou fazer este livro, perguntaram-me se eu poderia dividir o método em "passos". Ao fazê-lo, e sem querer, ele acabou se dividindo em 22 passos, valor que também corresponde ao número de cartas dos Arcanos Maiores. Diante disso, eu sorri. Assim são as incontáveis maravilhas do Tarô, e por isso senti-me levada a compartilhar essa história com você, leitor.

Compartilho meus conhecimentos e experiência com você, esperando sinceramente que o Tarô enriqueça sua vida assim como fez com a minha, e desejo-lhe muito sucesso nesse caminho.

Aproveite a jornada...
Josie

Prefácio

A jornada tem sido usada frequentemente como metáfora para o Tarô — a jornada do Louco, ou a jornada pessoal da descoberta de significados, de esclarecimentos ou de orientação para a vida da própria pessoa ou de um querente.* Nesse contexto, como devemos proceder ao longo da jornada? Como ler os sinais espalhados pelo caminho para compreender melhor quem somos e para onde leva nossa estrada?

Existem 78 imagens padronizadas do Tarô, divididas entre Arcanos Maiores e Menores, naipes e elementos. Qual o seu significado geral e, talvez ainda mais relevante, o que representam para nós numa leitura específica?

Para mim, dão a impressão de serem um mapa para cada jornada; cada carta, com seu número e título específicos, funciona quase como se fosse uma placa de rua. Um início útil, é claro, mas não é em si a resposta completa. Mas observando as cartas de uma

---

* Nome que se dá à pessoa para quem a leitura está sendo feita (N. do T.).

tiragem, umas em relação às outras e no contexto das perguntas sendo feitas, as respostas ficam mais claras. Voltando à analogia do mapa, além da placa da rua ficamos sabendo se estamos indo para leste ou oeste, se estamos numa esquina ou encruzilhada, o que nos proporciona uma referência mais específica. Mas há níveis mais ricos ainda; o simbolismo e o conteúdo visual das cartas podem nos oferecer muito mais coisas. Em nossa rua imaginária, podemos observar sombras, dando-nos ideia do horário, e a temperatura pode dar uma indicação da estação. Vendo os prédios mais próximos e os transeuntes, filtrados por nossa própria experiência de vida, obtemos pistas sobre a região, se é rica ou pobre, perigosa ou segura, e do ponto da jornada em que nos situamos.

E qual o papel das imagens de cada baralho nesse processo? Um estilo é mais adequado do que outro? É claro que nas mãos de um tarólogo experiente é menor a necessidade de um baralho mais ilustrado. Na verdade, isso pode até distraí-lo, sendo possível extrair interpretações mais profundas e personalizadas por meio do estilo mais simples e menos ilustrado do Tarô de Marselha, por exemplo. Mas quando fui introduzido ao mundo do Tarô, senti-me imediatamente atraído pelo conteúdo ricamente ilustrado do tradicional baralho Rider-Waite-Smith, que me inspirou a criar o Tarô Dourado, no qual Josephine Ellershaw presta homenagem a esse estilo e estrutura por meio deste rico estudo.

Quando criei as artes e ilustrações deste baralho, de forma geral, mantive-me bem fiel a essa forma, e quem já está familiarizado com o baralho Rider-Waite-Smith deve se sentir bem à vontade usando o Tarô Dourado. E aqueles que o utilizarem como baralho de aprendizado, vão se sentir à vontade se desejarem experimentar com outros tarôs.

Além de ser um conjunto de imagens repletas de simbolismo, a maioria dos baralhos serve ainda de veículo para expressão artística, e proporciona muitas oportunidades para que o criador do baralho inclua sua personalidade e interpretação pessoal, mantendo-se dentro da estrutura tradicional do Tarô.

No Tarô Dourado você vai encontrar muitos elementos, como partes de máquinas ou animais, que não aparecem na tradição mais estrita do Tarô. São toques pessoais que refletem meu estilo geral de ilustração. Se preferir, podem ser vistos como simples "panos de fundo decorativos" — objetos de cena, por assim dizer, que podem enriquecer a experiência do Tarô, mas que também dão amplas possibilidades para que você acrescente suas próprias interpretações.

Num sentido mais amplo, os aparatos mecânicos não têm função específica, servindo de símbolos do envolvimento e interação da humanidade com a ordem natural e espiritual das coisas. Oportunidades ou eventos que surgem em nosso caminho podem ser do destino, mas o que fazemos com eles varia em função da nossa reação e intervenção pessoal. Não somos meros fantoches submetidos aos caprichos dos deuses.

A inclusão de animais em diversas cartas também foi uma escolha pessoal. Muitas criaturas já estão associadas a significados e simbolismos. A coruja, por exemplo, está associada com a noite e a sabedoria, mas seu papel na carta Nove de Espadas do Tarô Dourado ainda oferece oportunidades para que você acrescente a essas as suas próprias associações. Essas interpretações não precisam se manter estáticas, podendo variar de uma leitura para outra. Desse modo, espero que o Tarô Dourado possa servir como companheiro amistoso para aqueles que iniciam sua jornada pelo Tarô, mas com a flexibilidade necessária para se manter como companheiro fiel quando sua jornada já estiver em curso.

Estar envolvido na produção de um kit de baralho de Tarô foi uma experiência realmente gratificante por trabalhar com Josephine. Não consigo imaginar muitos outros campos criativos nos quais se presta tamanha atenção no trabalho. Por seu papel e função, a imagem de uma carta de Tarô é analisada num grau maior do que qualquer outro meio visual. A interpretação dada por um artista para qualquer carta pode não ser acolhida universalmente por todas as pessoas interessadas no assunto, mas parece que, na maioria dos casos, o Tarô Dourado foi bem aceito. Recebi numerosos e-mails indicando que ele foi importante na motivação de pessoas que queriam aprender o Tarô ou que estavam voltando a ele depois de certo período de ausência. Como artista, isso é extremamente gratificante. E para vocês, leitores acredito que com este livro, muitas dúvidas serão sanadas de maneira simples e eficaz para adentrar a jornada de autoconhecimento por meio das cartas do tarô.

Ciro Marchetti

Boas Bases

Parte Um

Apenas algumas palavras, antes de começarmos, para falar da melhor maneira de aproveitar este livro. Sei que é bem tentador mergulhar nele, tirar algumas cartas e conferir seus significados. Mas antes de fazê-lo, deixe-me dizer — não faça isso, por favor!

Por favor, contenha o impulso de folhear o livro e "tentar umas leituras", pois já percebi que esta é uma das principais razões pelas quais as pessoas ficam frustradas ou confusas e depois deixam de conhecer as cartas. É necessário formar um nível de compreensão, uma base sobre a qual seu conhecimento acumula-se gradualmente; é preciso conhecer as ferramentas de um ofício antes de pô-lo em prática. Se você estivesse estudando para ser cirurgião, não iria esperar fazer uma cirurgia na sua primeira aula!

Tenho certeza de que você ouviu esta analogia: se você focalizar firmemente uma lente de aumento sobre um papel à luz do sol, ele irá, depois de algum tempo, começar a pegar fogo e a queimar. No entanto, se você movimentar a lente sem parar, não vai acontecer nada. Do mesmo modo, por favor, use seus esforços concentrados para acompanhar as informações da maneira como lhe são apresentadas, pois foram idealizadas para acompanhar seu desenvolvimento. Pulando páginas, indo de um lado para o outro, você não perceberá algumas conexões importantes.

Se não conseguir conter sua curiosidade, folheie rapidamente o livro como um todo — mas quando começar o processo de aprendizado, siga o formato recomendado. Para que sua mente fique mais à vontade, não estou sugerindo que você deva estudar de maneira convencional, como se estivesse se preparando para um exame. Ao estudar uma carta ou área, não precisa memorizar tudo antes de passar para a parte seguinte. Usando o formato de estudo sugerido, combinado com o modo como o Tarô funciona, depois de estudar cada carta seu subconsciente vai reter a informação — quer você esteja consciente disso ou não disso!

É uma reação natural querer fazer uma leitura para você mesmo à medida que avança, e por isso não estou sugerindo que deva estudar cada uma das cartas antes de fazê-lo, desde que, enquanto isso, continue a seguir o formato apresentado. Há um motivo para tudo o que lhe sugiro, e sempre que possível apresento exemplos para explicar meu raciocínio.

Quando comecei, fiz exatamente o que estou lhe pedindo para não fazer! Mergulhei no livro que acompanhava as cartas e tentei fazer leituras para mim mesma, consultando o livro para conhecer os significados das cartas. Eu tinha apenas 12 anos na época e o livro não oferecia nenhum conselho para quem desejasse aprender... e assim, eu lia o livro a esmo. Acabei literalmente desgastando as páginas! Devo ter sido muito determinada, pois o processo foi longo. Aprendi as cartas e fiz leituras, mas, alguns anos depois, tudo mudou drasticamente para mim assim que desenvolvi a técnica de aprendizado que estou compartilhando com você agora. Portanto, não estou tratando de teorias com você, nem falando de algo que parece ser uma boa forma de estudar.

Será necessário ter certa paciência caso você queira percorrer esse caminho com seriedade, mas o livro é apresentado num formato determinado, passo a passo, para fluir mais facilmente. Mesmo que você já tenha estudado o Tarô antes, por favor, leia o livro na ordem em que foi idealizado. Posso lhe garantir que isso lhe trará dividendos a longo prazo. Não se desestimule. O Tarô sempre recompensa a diligência e o propósito sincero.

O que podemos fazer nesse estágio, porém, é analisar alguns pontos básicos sobre o Tarô e o caldeirão de ingredientes que você deveria conhecer antes de estudar a fundo as cartas.

PRIMEIRO PASSO

Histórico

Tudo começa com você...

Acho que é importante você compreender seus motivos para querer aprender o Tarô. Talvez você não tenha pensado nisso antes. Talvez tenha sentido atração pelas cartas a ponto de querer conhecê-las melhor. Tudo bem, não há nada de errado nisso, mas provavelmente os seus motivos serão seu principal elemento de motivação. Ser capaz de receber orientação pessoal é uma boa razão — e posso lhe dizer honestamente, o Tarô nunca me decepcionou.

Por isso, se puder, identifique sua razão ou razões agora — e anote-as! Ter uma meta a atingir vai ajudá-lo a alcançar seu objetivo, em vez de deixá-lo vagando à toa. Seu motivo subjacente é que irá estimular sua perseverança.

Como essa é uma conversa meio unilateral, devo presumir que você é um completo iniciante no mundo do Tarô. Por isso, perdoe-me se você já percorreu essa estrada antes, mas desse modo posso garantir que nada será deixado de lado ou sem explicação, e você não vai ficar pendurado no meio do nada em momento algum.

Talvez seu primeiro contato com o Tarô tenha sido por meio de uma leitura, mas, seja qual for o modo como você entrou em contato com as cartas, suas imagens misteriosas ressoaram profundamente dentro de você e convidaram-no a seguir em frente.

Nada de lições de história

Aparentemente, há um número infindável de teorias sobre a origem das cartas de Tarô, e a maioria dos livros costuma incluir alguma versão dessa história. No entanto, não vou entrar em detalhes sobre isso, pois trata-se de uma questão ainda em aberto.

A história do Tarô parece ser tão misteriosa quanto as próprias cartas, com muitas culturas diferentes afirmando ter alguma ligação com elas, juntamente com diversas teorias e especulações sobre seu desenvolvimento. Creio que é apropriado o fato de seu apelo universal ser encontrado em muitas culturas. Não importa que civilização, continente ou linha do tempo examinemos, pois parece haver sempre um elemento comum; uma teoria que emerge em todas as partes — o Tarô teria sido criado usando-se um código secreto de símbolos e de imagens para preservar o conhecimento de uma doutrina secreta.

Os fatos históricos levantados até agora levam à Itália do século XIV, e embora o Tarô possa ter existido em alguma forma séculos antes disso, há conjecturas consideráveis (mas com evidências inconclusivas) a apoiar essas teorias atualmente... e talvez permaneçam dessa forma. Se estiver interessado, muitos livros exploram a fundo a história do Tarô.

Nossa preocupação aqui consiste em aprender as cartas a fim de receber sua orientação e, felizmente, conhecer sua história não irá ajudá-lo a ler melhor as cartas do Tarô. O fato mais importante é que elas funcionam! O resto deste livro foi idealizado para mostrar-lhe como elas funcionam e como obter acesso a seu conhecimento.

Sobre o baralho de Tarô

Primeiro, vamos analisar o Tarô em si, como ele está organizado e em que ele consiste. O Tarô Dourado contém um total de 78 cartas, das quais 22 são conhecidas como os Arcanos Maiores, usando algarismos romanos de 0 a XXI. As 56 cartas restantes são referidas como Arcanos Menores.

Os Arcanos Menores são divididos em quatro naipes diferentes — paus, copas, espadas e ouros. Cada naipe contém cartas de ás a dez, seguidas de valete, cavaleiro, rainha e rei (conhecidas como cartas da corte). Cada naipe representa um dos quatro elementos:

Paus — Fogo
Copas — Água
Espadas — Ar
Ouros — Terra

As cartas contêm imagens arquetípicas, figuras e símbolos que fazem uma conexão com a mente subconsciente. Os Arcanos Maiores focalizam as questões mais importantes da vida, enquanto os Arcanos Menores indicam situações da nossa vida diária. Mas ambos são importantes. Pense nos Arcanos Maiores como tijolos e nos Menores como o cimento que preenche os espaços, mantendo tudo junto.

Apresentando o Tarô Dourado

Não sei por que, mas suspeito que você já tirou as cartas da caixa do Tarô para dar uma olhada nelas — e quem iria resistir a essa tentação?

Comprei muitos baralhos ao longo dos anos; na verdade, minha casa está repleta de baralhos de Tarô novinhos, sem uso. Não há nada mais desapontador do que pensar que você descobriu *o* baralho e depois perceber que não dá para trabalhar com ele. Foram vários os que se encaixaram nessa categoria para mim — depois de dispostas, as cartas pareciam mudas, sem reação no plexo solar, ou então as interpretações com que me sinto confortável não se ajustavam às imagens.

Como a maioria das pessoas que amam o Tarô, estive sempre à procura do baralho de trabalho "perfeito", como na busca pelo Santo Graal... e finalmente o encontrei no Tarô Dourado, criado por Ciro Marchetti e publicado pela Llewellyn. Agora, não uso nenhum outro. Acredito que são as cartas de Tarô com o visual mais incrível que se pode encontrar e esse baralho tornou-se imediatamente o preferido de muitos membros da comunidade do Tarô, tanto entre tarólogos como entre colecionadores.

O Tarô Dourado é belo a ponto de tirar o fôlego; a magia e o mistério de suas imagens transportam você instantaneamente para outra dimensão. Isso é muito importante, pois suas cartas devem provocar uma resposta interior imediata, independentemente de você entendê-las ou não. Cada imagem apresentada deve ser como um mergulho na cena e sua fusão com a história. Como eu gostaria que essas cartas estivessem disponíveis quando comecei a estudar!

A maioria das pessoas aprende com aquilo que se costuma chamar de "baralho de principiante" e depois passa a usar o de sua preferência. Há um grande número de baralhos de Tarô no mercado, mas muitas das imagens e interpretações variam, e por isso, se você mudar, pode ter que aprender tudo de novo. Usando o Tarô Dourado, você ficará livre de grandes frustrações desde o começo, e se não sentir necessidade de passar para outro baralho depois, terá o melhor de dois mundos — sorte em dobro!

SEGUNDO PASSO

Respondendo às suas perguntas

Como funciona o Tarô?

Cada uma das 78 cartas contém uma mensagem em sua imagem, um segredo a compartilhar com você, idealizado para proporcionar a orientação necessária naquela ocasião específica, ajudando-o em sua jornada na estrada chamada vida.

A mensagem das cartas é comunicada pelo modo como são preparadas e escolhidas — seu posicionamento depois de dispostas numa "tiragem", e também por sua relação ou associação umas com as outras com base na proximidade.

O Tarô é como um mapa secreto que podemos consultar ao longo de nossa jornada, para podermos identificar as oportunidades ou armadilhas que podem surgir em nosso caminho.

O Tarô contém imagens que ajudam o tarólogo a acessar informações. Agem como plataformas entre o consciente, o subconsciente e o superconsciente. A profundidade e a precisão da leitura dependem da sensibilidade da pessoa que lê as cartas. Nunca vi o Tarô "errar", mas sim ser mal interpretado.

Alguns dizem que o Tarô atua como um espelho de nós mesmos, e embora eu concorde com isso, irei mais além. Só posso falar por experiência própria, mas o Tarô frequentemente revela situações e informações que nem o leitor, nem o querente, conhecem antes da leitura, mas que, ao se investigar depois, mostram-se precisas. As cartas têm uma precisão incrível e portanto constituem um excelente sistema de orientação pessoal.

O Tarô pode ser usado como uma ferramenta de orientação pessoal, como meio de adivinhar o futuro ou de se obter sabedoria universal, e como forma de desenvolvimento pessoal, crescimento espiritual e meditação.

Quem usa as cartas do Tarô?

O Tarô não está ligado a nenhuma denominação religiosa, e por isso seu apelo é universal. Pessoas de todas as culturas, grupos etários e camadas sociais consultam o Tarô; essa realidade ficou ainda mais aparente para mim depois que criei meu site. A Internet transformou o mundo num lugar menor! Com milhares de usuários, meu site é uma ampla e intrigante fonte de informações, pois ouço opiniões de muitos tipos de pessoas.

No tocante à idade, estão representados desde adolescentes até pessoas de idade. Quanto à ocupação, há empresários, consultores, médicos, professores, artistas, terapeutas, advogados, operários, funcionários de escritório, executivos... a lista é longa. Pessoas do mundo todo usam o Tarô; a maioria dos países está representada, bem como muitos sistemas de crença e de formação religiosa.

Preciso ser um sensitivo?

Não é preciso ter um dom especial para ler o Tarô. No entanto, o que você vai perceber é que quanto mais trabalha com o Tarô e seus estudos, mais sua intuição irá se aguçar e sua capacidade psíquica, aumentar.

Todos têm algum grau natural de intuição; acontece que muitos não reconhecem isso, nem ouvem sua intuição. O desenvolvimento psíquico é como um músculo; quanto mais você o exercita, mais em forma ele fica! Há uma técnica, que vou compartilhar com você, que lhe permitirá perceber esse processo, e vamos chegar lá em alguns instantes.

De quanto tempo preciso até poder fazer leituras?

Como qualquer técnica, a leitura do Tarô pode ser aprendida com prática, paciência e perseverança, e cada um aprende num ritmo diferente. Este livro não se destina a ser um "guia de leitura instantânea e soluções rápidas". A intenção é mostrar-lhe como aprender a conhecer as cartas completamente, desde o início. Depois de ficar familiarizado e à vontade com as cartas e algumas tiragens, você poderá ler sozinho após um período de tempo relativamente curto.

Algumas pessoas recomendam que se pratique com a família e amigos, mas aconselho que não faça isso nos primeiros estágios. Por enquanto, e do modo como nossos estudos estão idealizados, vamos nos concentrar em autoleituras, até você ter conhecimento, confiança e habilidade suficientes para aplicar suas técnicas recém-adquiridas em outras pessoas. Dito isto, é justo que eu explique meus motivos.

Não dá para contar quantas vezes fui procurada por pessoas preocupadas, geralmente em função de uma leitura feita por alguém inexperiente ou irresponsável com as cartas de Tarô. Dizem que pouco conhecimento é perigoso, e nesse caso concordo plenamente. Com o conhecimento vem o poder, e este deve ser usado com sabedoria. O Tarô deve ser abordado com sinceridade e seriedade de propósitos; tratado com respeito e reverência, nunca com frivolidade ou como um jogo. Há toda uma ética envolvida e bastante responsabilidade caso você decida fazer leituras para terceiros.

Por enquanto, a única pessoa com quem irá praticar é consigo mesmo. Se você vai cometer alguns erros, é bem melhor que os veja e os compreenda, em vez de passar informações erradas para outras pessoas. E tenho certeza de que você já está pensando: "Mas Josie, você não conhece meus amigos, eles são diferentes..." Confie em mim, por favor: eu quero ver você ter sucesso, e por isso não vou lhe dar nenhum conselho ruim. Não importa se seus amigos ou sua família são compreensivos ou úteis — por favor, não pratique com eles quando estiver apenas começando. Vai chegar um momento em que você vai poder fazer leituras para eles, se quiser, mas vou lhe mostrar como saber se está pronto — depois, a decisão será sua.

Mais tarde, como consultor de Tarô, você vai perceber que suas palavras têm um peso bem grande. Vai ficar surpreso ao ouvir alguém repetir trechos de sua leitura, especialmente aquilo que foi retido e o que não foi. De vez em quando, vai ouvir suas palavras mal interpretadas e citadas de forma errada — e isso quando você já sabe o que está fazendo! Imagine o que acontece quando você está começando.

Seus amigos são bem intencionados e estou certa de que eles ficariam muito felizes se você praticasse leituras com eles, mas o que acontece quando você só tem metade da história, ou a história errada? Se você não tem resposta para coisas que aparecem na leitura, elas ficariam pesando na cabeça de seus amigos, deixando-os preocupados. Como isso afetaria sua confiança, e a deles em você? As pessoas mais próximas de nós costumam nos provocar, e às vezes fazem isso na frente dos outros — não é por mal, mas isso pode prejudicar sua confiança, e, a longo prazo, pode afetar a capacidade de outras pessoas o levarem a sério.

Espero que você tenha se convencido a ponto de seguir meu conselho, pois tarólogos irresponsáveis causam problemas desnecessários para os outros — e além disso dão má reputação ao Tarô e a tarólogos sérios. Garanto-lhe que vai compensar você esperar um pouco mais.

Destino ou livre-arbítrio?

Um homem prevenido vale por dois — o Tarô dá excelente orientação, mas não é seu mestre. Todos têm oportunidades ao longo da vida, e todos acumulam karma, bom e mau, por conta de ações e escolhas.

A ferramenta mais poderosa com que as pessoas contam é a força de seus pensamentos, que podem elevá-las ou destruí-las, dependendo de suas atitudes e de suas crenças. Nunca subestime o poder da crença.

Muita gente consulta o Tarô quando se vê diante de decisões ou situações difíceis. Elas podem ficar confusas com eventos de suas vidas ou acharem que perderam o rumo e não conseguem mais enxergar com clareza. Imagine como uma pessoa nesse estado mental estará sugestionável. Assim, quando começar a fazer leituras para os outros, use de sensibilidade, pois suas palavras terão mais peso do que você imagina.

Seu papel, através daquilo que você vê, é ajudar a compreender aquilo que acontece à volta das pessoas, e ajudá-las a entender as questões. Você proporciona orientação, e com isso elas podem tomar decisões mais seguras e proceder com mais confiança.

Quando você tira cartas para alguém, está, de certo modo, observando a vida dessa pessoa através de janelas.

A leitura vai refletir o que pode acontecer se os clientes prosseguirem no caminho atual, dependendo, até certo ponto, de como os eventos estão se movendo. O problema é que se você planta um pensamento negativo, ele ficará grudado na mente do cliente e instalar-se-á no seu subconsciente. E seria muito difícil lidar com ele. Seria como dizer: "Não pense num elefante" — dá para entender?

As pessoas já enfrentam desafios suficientes ao lutar contra seus próprios padrões de pensamento, e, por isso, boa parte daquilo que você vê vai acontecer tal como foi mostrado, pois as pessoas sentem muita dificuldade para controlar a mente. Seus pensamentos e suas atitudes levaram-nas à sua posição atual. Dito isto, tenho alguns clientes que superaram com sucesso situações difíceis seguindo a orientação das cartas e evitando um resultado que não desejaram.

É útil lembrar-se do seguinte:

- Um homem prevenido vale por dois.
- A ação molda o destino.
- Você é o mestre e não o escravo.

Livrando-se de alguns mitos e conceitos errôneos

Às vezes, recebo e-mails de pessoas que estão preocupadas porque alguém lhes disse que o Tarô é maléfico ou perigoso, e em algum ponto do caminho você pode encontrar quem diga o mesmo. Como costuma acontecer, essas declarações são ditas por ignorância ou porque a pessoa foi mal informada. O Tarô é uma ferramenta, e, como qualquer outra coisa, pode ser utilizado para o bem ou para o mal — depende de como as cartas são usadas, daquilo para que são usadas e da pessoa que as usa. Por isso, voltamos à importância da prática responsável.

Algumas pessoas vão fazer perguntas sobre as cartas porque são interessadas e querem entendê-las, mas outras podem ter uma opinião forte que desejam impor a você. Caso você se depare com esse tipo de atitude, não sinta que é necessário defender a posição de que é sua responsabilidade educá-las. Há pessoas que têm a mente aberta e outras que não têm.

Sobre outras ciências antigas

Se você quiser "estudar" o Tarô, pode passar a vida inteira fazendo-o, pois há muitas informações abrangendo praticamente todos os aspectos das cartas. No entanto, não há garantias de que tal estudo fará de você um excelente tarólogo.

Tenho certeza de que alguém vai discordar na hora se eu disser que você não precisa compreender os vínculos entre Tarô e astrologia, numerologia, alquimia ou cabala para fazer boas leituras, mas acredito no seguinte: Cada uma das ciências antigas exige estudos consideráveis para ser plenamente apreciada e compreendida. Sempre achei que o Tarô tem força própria, o que é bom para você, pois não será preciso aprender essas outras disciplinas para interpretar as cartas e fazer boas leituras!

Mais tarde, se você quiser dar uma olhada nessas outras áreas, faça-o, é claro. A menos que seja de fato sua área de especialização, não se sinta obrigado a introduzi-las em sua leitura. Alguns estendem a leitura acrescentando detalhes dessas outras ciências; talvez achem que isso agrega valor à leitura. Invariavelmente, porém, essa informação é de natureza muito básica. A frase, "faz tudo mas não domina nada" vem à mente, e, se você aprender bem o Tarô, não será necessário fazer isso. Como exemplo, certa vez fui a uma consultora famosa, mas para mim ela acabou com sua credibilidade quando se aventurou por áreas sobre as quais evidentemente não tinha nenhum domínio, o que ficou claro em pouco tempo. Ela ficou envergonhada, a leitura logo pouco depois e nunca mais voltei lá.

Quando chegar a hora e você estiver diante de um cliente à espera de uma leitura, o principal a se lembrar é o seguinte: ele não quer saber se você tem conhecimentos técnicos. Ele não quer ser cegado pela ciência e por seus espantosos conhecimentos (sejam eles quais forem). O que ele quer é uma leitura precisa... e fim. Portanto, a menos que seu conhecimento de outras disciplinas contribua de forma significativa para isso e você possa explicar tudo numa linguagem compreensível, será melhor deixar isso de lado.

TERCEIRO PASSO

Fazendo preparativos

Cuidando de suas cartas de Tarô

Se você recebesse o precioso presente de um texto antigo, preservado ao longo do tempo e que contivesse uma sabedoria atemporal, como você cuidaria dele? Tenho a impressão de que cuidaria dele muito bem.

Como você vai descobrir, seu relacionamento com as cartas de seu baralho é muito pessoal, e por isso você vai querer cuidar bem delas. A partir do momento em que começar a trabalhar com suas cartas, você passa a desenvolver um vínculo com elas, e elas ficam impregnadas com sua energia pessoal. Por isso, é sensato protegê-las de qualquer influência externa que possa prejudicar esse equilíbrio.

Trato meu Tarô com o grande respeito que acredito que ele merece. Como também faço consultas para outras pessoas, tenho vários baralhos em uso ao mesmo tempo — alguns para estudo, outros para orientação pessoal e aqueles que uso para os outros. Alguns são mantidos numa bolsinha e outros ficam embrulhados num pano e guardados em caixas de madeira, com outro pano para dispor as cartas para leitura. Nunca ponho as cartas diretamente sobre uma mesa, sempre num pano reservado para essa finalidade, e sempre coloco as cartas de volta em suas caixas quando não as estou usando. Tudo isso pode parecer um pouco exagerado, mas as cartas são muito sensíveis a energias e vibrações externas.

Um bom ponto de partida é usar uma bolsa que se fecha com cordão para guardar as cartas, e uma folha de gabarito para dispô-las. Muitas pessoas preferem tecidos de fibras naturais, embora eu tenha usado tecidos artificiais com efeitos igualmente bons. É preferível que o pano de leitura seja de cor preta, pois proporciona um excelente pano de fundo, sem criar nenhuma distração visual para as imagens das cartas.

Orientação e proteção

Embora no começo você vá usar as cartas para estudar, ainda assim é uma boa ideia já agir do modo como você fará depois. Desse modo, sempre que tirar as cartas do invólucro, inicie com um breve pedido de orientação. Não precisa seguir nenhum ritual longo para que o pedido seja eficiente.

Você pode criar a frase que quiser, mesmo que seja algo simples, como "Peço e agradeço ao universo pela orientação, proteção e assistência". Eu faço meu pedido mentalmente, pois acredito que seja um assunto pessoal. Ao fazê-lo, você cria uma conexão com seu subconsciente. Isso demonstra respeito por seu trabalho e pela informação que você está prestes a receber, e ajuda a manter livre de vibrações negativas a energia de seu espaço de trabalho. Quando você se tornar mais sensível, vai perceber que cada pessoa traz energias e atmosferas diferentes. Quando você se abre para uma leitura, sua aura (campo de energia pessoal) une-se ao da pessoa para quem você está fazendo a leitura, e por isso é importante que você se proteja.

Tenho certeza de que, em algum momento, você esteve na companhia de alguém que estava para baixo, deprimido, e que depois que essa pessoa saiu, você se sentiu esgotado e também um pouco deprimido. Não vou entrar em detalhes quanto ao que acontece com seu campo energético — mas basta dizer que você não vai querer ficar com a confusão, com os sentimentos ou com os abalos emocionais de outras pessoas. Para esse fim, usar um cristal de quartzo funciona muito bem.

Usando um cristal

Não é necessário usar um cristal caso prefira não fazê-lo, mas sinto que faz uma diferença. Proporciona um excelente modo de proteger você e seu baralho de Tarô das energias ao seu redor. Saído diretamente da Mãe Terra, o cristal de quartzo natural é um maravilhoso amplificador de energias e pode ser programado para armazenar uma forma-pensamento.

Para isso, você vai precisar de um pequeno cristal de quartzo natural; ele pode ser bruto ou polido, e pode ser adquirido numa loja de produtos alternativos ou Nova Era, ou pela Internet. Se você puder selecioná-lo pessoalmente, escolha aquele pelo qual você se sentir particularmente atraído, ou um que lhe dê a sensação de ser o certo quando você o puser na mão, pois os cristais emanam um campo energético todo próprio. Assim que adquirir seu cristal, deve limpá-lo de toda e qualquer energia negativa que ele pode ter acumulado em sua longa viagem até chegar a você. Há várias maneiras de fazê-lo.

Se você já usa cristais, pode colocar o novo sobre um aglomerado grande por 24 horas, mas vou presumir que este não é o seu caso e vou tratar do assunto do ponto de vista do iniciante.

Escolha um dos seguintes métodos de limpeza:

- Segure o cristal sob água corrente em um curso d'água natural ou no mar.

ou

- Mergulhe o cristal em água com sal marinho (se não tiver, use sal de cozinha) durante 24 horas, e depois enxágue com água mineral.

Depois:

- Coloque o cristal na moldura de uma janela, onde ele possa receber luz solar ou lunar natural durante todo um dia ou uma noite.

Para dedicar e programar o seu cristal:

A frase simples que apresento a seguir será suficiente, mas se você quiser criar sua própria frase, pense muito bem nela e escreva-a antes de começar — certifique-se de que não haverá mal-entendidos naquilo que você está pedindo!

Segure o cristal na palma da mão e repita:

"Peço e agradeço ao universo pela orientação, proteção e assistência.
Este cristal é dedicado a [seu nome] e a meu trabalho com o Tarô. Por favor, proteja a mim, minhas cartas e meu ambiente de leitura de energias negativas; ajude-me a receber uma orientação clara e a auxiliar aqueles que me procuram para receber leituras.
Pelo bem maior de todos os envolvidos. Obrigado."

Guarde seu cristal com seu Tarô e repita a limpeza, a dedicatória e a sequência de programação algumas vezes ao longo do ano, ou com a frequência que julgar necessária.

Preparando seu baralho de Tarô

Se você já não o fez, antes de abrir a caixa que protege o novo baralho, ponha o pano sobre a mesa. Cartas novas são muito escorregadias e as cartas do Tarô são um pouco maiores do que cartas de jogo normais, e além disso são 78, por isso você vai ter a sensação de que tem a mão cheia até se acostumar com as cartas.

Sinta-se à vontade para examinar suas belas cartas e desfrute das imagens — mas antes de sair correndo para ver o que elas significam, embaralhe-as suavemente, carta sobre carta. Mas nada de embaralhar de forma exuberante, como no pôquer.

Quando criança, li em algum lugar que as cartas deveriam ser embaralhadas usando a mão esquerda (representando o subconsciente) e, como sou destra, levei algum tempo para dominar isso, mas agora não consigo fazê-lo de outra maneira. Contudo, não faz diferença alguma; faça aquilo que deixá-lo à vontade. Neste estágio, é importante ir devagar e com cuidado, por mais que isso faça você se sentir estranho. Do contrário, estará sempre recolhendo cartas caídas no chão que saíram voando das suas mãos. (Acontece com todo mundo, para ser sincera.) Perceba a sensação do toque das cartas.

Depois, pegue um grande lenço de algodão (ou então um pedaço grande e quadrado de material natural), ponha suas cartas no centro e amarre os cantos do material para que suas cartas fiquem seguras. Coloque o maço sob seu travesseiro e durma sobre ele nessa noite. Não se surpreenda se descobrir imagens do Tarô em seus sonhos.

Geralmente, durmo duas vezes sobre cartas novas, nem sempre consecutivamente, e creio que seja suficiente. Deixe as cartas embrulhadas e em segurança até ter tempo de se sentar novamente com elas. Perceba como você sente que estão diferentes ao embaralhá-las agora. Desse ponto em diante, deve embaralhá-las regularmente até elas começarem a lhe dar uma sensação de que tudo está certo e no lugar. Você vai perceber uma mudança distinta em sua energia e na sensação que transmitem às suas mãos.

Para fins de estudos, não é preciso ter um baralho completamente preparado, como você usaria numa leitura, pois vai tirar as cartas para estudar. Mas recomendo dormir sobre as cartas e embaralhá-las com regularidade, porque queremos que seu baralho esteja imbuído com sua energia e que você comece a se sentir ligado a ele.

QUARTO PASSO

Segredos do aprendizado

Sua principal ferramenta de aprendizado

Manter um diário de Tarô é uma ferramenta valiosa, não apenas no início de sua jornada com o Tarô, como também à medida que aumentam seus conhecimentos e sua experiência. Tal como manter um diário pessoal, no qual você registra eventos diariamente, é sempre uma medida progressiva e com vistas ao futuro. Manter um diário de Tarô, e a maneira como você registra as informações, pode fazer uma diferença radical na sua retenção. Por isso, chamo-o de sua principal ferramenta de aprendizado.

Que tipo devo usar?

Eu prefiro um caderno de formato A-4 em espiral, com papel pautado ou quadriculado. São úteis porque é mais fácil escrever neles e eles ficam sempre planos enquanto você trabalha — é muito frustrante tentar registrar suas leituras e as páginas começarem a fechar! Quando terminar um caderno, terá um registro permanente de suas leituras, que você pode armazenar em ordem cronológica. É muito interessante consultá-los posteriormente, e na verdade essa é parte de sua finalidade.

Seu caderno não precisa ser caro; na verdade, se for caro, você vai resistir ao impulso de escrever nele ou vai achar que seus trabalhos precisam ser apresentados de forma magnífica! Seu diário é uma ferramenta de trabalho, e quando o fluxo de pensamentos atingir você, não vai querer se distrair com esses assuntos. O importante é registrar a informação tal como seu subconsciente a apresentar a você — se vconseguir lê-la mais tarde, é isto é o que importa.

Como e por que registrar as informações

Quando você for examinar cada uma das cartas, recomendo que segure-a (ou toque a imagem com os dedos), depois anote o significado enquanto o repete em voz alta. Este é um renomado princípio de aprendizado que aumenta muito a retenção da informação.

Por exemplo:

- Se você apenas lê a informação, vai reter 10%.
- Mas se você vê a imagem e lê a informação em voz alta enquanto a registra por escrito, vai reter 90%.

É uma grande diferença, não é? Assim, embora possa parecer uma tarefa e tanto, vai lhe poupar muito tempo ao longo de seus estudos — e se vai mesmo fazer isso, é melhor fazer certo desde o começo.

Também é importante personalizar as cartas com base em suas experiências, evitando com isso a "síndrome do papagaio" — a simples memorização das cartas. Assim, se a lembrança de determinado evento que aconteceu com você é acionada pelo significado de uma das cartas, anote isso. Além do mais, você pode perceber que as experiências de pessoas que você conhece fazem-no lembrar do significado de alguma carta, por isso, anote-as. Tudo isso ajuda a fazer com que as cartas fiquem mais pessoais e reais para você — elas começam a representar situações reais em vez de serem apenas palavras num livro.

Vou falar sobre como registrar as leituras assim que chegarmos a esse tema, mas eis um exemplo de como você pode fazer registros em seu diário quando for estudar cada carta:

Data:

0 O Louco	Significado da carta: • Use frases telegráficas nesta seção Experiências pessoais: • Faça uma lista de quaisquer experiências pessoais que estejam relacionadas com o significado desta carta Experiências de terceiros: • Relacione as experiências de outras pessoas que tenham ligação com esta carta

Sobre sonhos e desenvolvimento psíquico

Além do consciente e do subconsciente, existe um elemento adicional, às vezes chamado de superconsciente, de consciência universal ou de mente universal. Pense nele como um fluxo puro de energia; ele é o vínculo entre todos nós, o campo da interconectividade. É nele que se manifestam a inspiração, as invenções, as ideias e a criatividade. Mais recentemente, a expressão "ordenamento cósmico" entrou em voga (referindo-se à manifestação concreta de desejos), mas tudo se resume à interação entre os três níveis de consciência.

O superconsciente é acessado através do subconsciente, e assim você pode descobrir que, quando o seu subconsciente desperta para as sutilezas que o rodeiam, sua percepção se amplia mais. Os sonhos vão parecer mais nítidos e as informações podem começar a aparecer com mais facilidade, pois quando estamos adormecidos, o subconsciente consegue se expressar com mais facilidade, sem a interferência de nossos pensamentos conscientes. Em outras palavras, saímos do nosso próprio caminho e deixamos nossa intuição fluir livremente.

Quando isso começar a acontecer, registre em seu diário tudo que parecer relevante em seus sonhos. Não se preocupe com a precisão de seus pensamentos ou informações; ninguém vai julgar seus resultados — mas normalmente somos nossos críticos mais severos. Às vezes, as imagens que você vê ou as palavras que você ouve são bem literais e objetivas; em outras ocasiões, serão simbólicas ou terão significado bem pessoal.

Por exemplo, às vezes ouço minha mãe chamando o meu nome como se estivesse interrompendo meu sonho, como um sonho dentro de um sonho, e num tom que aprendi a identificar como uma advertência sobre alguma coisa perto de mim. A parte importante disso é que nunca tem relação com o sonho, e é tão real que cheguei a acordar em algumas ocasiões. Alguém poderia dizer que se trata de telepatia, ou que é simbólico — seja como for, o tom maternal de aviso é importante para mim e tornou-se bem preciso.

Tal como ocorre com o Tarô, muitas das imagens nos sonhos são simbólicas, mas pelo registro dos sonhos que chamam a sua atenção, você aprende a se comunicar com sua mente subconsciente, aprendendo uma linguagem que é pessoal para você e abre as linhas de comunicação. Para algumas pessoas pode ser como abrir uma comporta, mas não se alarme com isto; é apenas um sinal de que sua percepção ficou mais aguçada.

Ao registrar essas informações, você vai aprender a decifrar quais são os sonhos "normais" e quais são proféticos, pois dão sensações bem diferentes. Acordei muitas manhãs "sabendo" alguma coisa, embora não me recordasse de ter sonhado com isso. Não receie anotar esses incidentes, pois só ao fazê-lo você irá aprender com eles. Resista à tentação de sair correndo para comprar um dicionário de sonhos — pois é a sua intuição que estamos procurando, e não a interpretação que outra pessoa dá, dizendo o que "deveria" ser.

É igualmente importante não entrar no "modo superzeloso", presumindo que cada um de seus sonhos está avisando você de alguma coisa. Como em outras áreas da vida, o importante é ter moderação.

Sua intuição

Gradualmente, enquanto progride em seus estudos, você pode descobrir que esses mesmos tipos de "sonho" se transferem para seu período de vigília, geralmente quando você está fazendo algo banal, como lavar os pratos, e quando você não está concentrado em nada específico. Isso acontece quando você acessou o superconsciente e as informações se transferem com facilidade. Muitos chamam isso de intuição.

Registre esses momentos também, pois só analisando essas informações é que você irá compreender as mensagens que está recebendo. Isso se traduz de forma distinta para cada pessoa e é uma experiência muito individual. Só para dar alguns exemplos: você pode ter "lampejos de pensamento", com certa sensação de compreensão, ou pode "ver" imagens, como em devaneios. Você pode sentir coisas quando está na companhia das pessoas, ou em determinado ambiente — geralmente, isso é sentido no plexo solar, algo como nós ou borboletas no estômago. Você pode sentir odores que não estão no ambiente... a lista continua!

A única maneira de compreender as mensagens recebidas é registrando-as, analisando-as e, finalmente, aprendendo com elas. Se, por exemplo, você identificar uma sensação gutural, procure analisá-la nessa ocasião. Qual a sensação — boa ou má? O que ela lembra? Identifique a emoção: excitação, antecipação, nervosismo, ansiedade, raiva, medo, e assim por diante. Se reservar algum tempo para se lembrar, perceberá que pode comparar o que está sentindo a uma experiência anterior daquela emoção — mas apenas se você reservar algum tempo para contemplar sua percepção é que poderá aprender e beneficiar-se com as mensagens recebidas.

À medida que os eventos se desenrolam, folheie novamente o seu diário para ver se suas mensagens estavam corretas; aprenda com seus sucessos e seus fracassos. Deixe sempre um espaço depois de ter registrado seus pensamentos; mais tarde, volte e anote o que aconteceu e a data (para isso, é interessante usar um marca-texto). Você vai ficar espantado com as informações recebidas depois de iniciar esse processo — pois, na verdade, você está deixando seu subconsciente saber que você está pronto para escutar. Junto com o uso do Tarô, você está esboçando um método para comunicar-se com sua intuição, e, por isso, ela responde.

Este é um assunto interessante por si só, e, como já mencionei, é uma experiência muito pessoal. Por exemplo, sempre que "vejo" uma rosa, ela representa amor sendo dado; para um amigo, representa sempre um nascimento, e para outra amiga representa um funeral! Como vê, não quero comprometer sua intuição com um conjunto de "regras". A intuição é uma experiência muito pessoal; contudo, as informações que você tem agora são, com certeza, suficientes para que você compreenda seu próprio desenvolvimento.

Juntando tudo

Quase consigo ouvir você me lembrando de ter dito que não era preciso possuir um "dom especial" para ler o Tarô. É fato, mas também é fato que quem quer que trabalhe a sério com o Tarô não consegue impedir seu desenvolvimento psíquico. É como uma doença ocupacional. Todos têm a capacidade de abrir sua percepção e de desenvolver esse aspecto, mas a maioria das pessoas anda sempre tão ocupada que não percebe os sinais.

Trabalhando com o Tarô, você seleciona uma "ferramenta" para expressar a linguagem compartilhada com sua mente subconsciente, sua intuição e o universo. No silêncio do momento em que você tira as cartas, segue um ritual concentrado, abrindo seu pano, embaralhando as cartas, concentrando-se sobre a questão e cortando o baralho. Quando realizado corretamente, esse processo, em si, é uma forma de meditação, o que nos ajuda a nos sintonizarmos e nos abrirmos para uma orientação superior.

O desenvolvimento psíquico é uma jornada pessoal. Não existe um ritmo determinado, pois ele é diferente para cada um, mas achei que devia informá-lo das diferentes experiências que você poderia encontrar. Nenhuma delas, devo acrescentar, é assustadora — na verdade, são bem empolgantes quando você começa a aceitá-las.

Foi assim que comecei a proporcionar orientação e a ensinar os outros. Muitas pessoas começaram a pedir minha ajuda porque estavam passando por experiências estranhas, que não entendiam, e sobre as quais achavam que não podiam falar para nenhuma outra pessoa. Eu lhes apresentei a mesma técnica do diário e ela funcionou muito bem.

Portanto, seu diário de Tarô tem diversas funções:

- Aumenta substancialmente a retenção de informações enquanto você aprende a conhecer as cartas (90% em vez de 10%).
- Proporciona uma referência para reflexão e para estudar suas leituras mais tarde.
- Ajuda você a ser objetivo em autoleituras.
- Proporciona um registro para a comparação entre sua interpretação original e o resultado efetivo da situação, desse modo sua compreensão passa por um ajuste fino.
- Ajuda você a ganhar confiança nas leituras para terceiros, pois você começa a ver os resultados em suas próprias leituras.
- Permite-lhe compreender, associar e integrar seu desenvolvimento psíquico e sua intuição com o Tarô.

Podem parecer passos simples, mas o diário é bastante efetivo e é sua ferramenta de desenvolvimento mais poderosa.

QUINTO PASSO

Pouco antes de começar...

É profundamente lamentável que muitas pessoas, depois de aprenderem a utilizar os Arcanos Maiores, achando que podem fazer leituras apenas com essas cartas, deixem de lado os Arcanos Menores. Essas cartas fornecem detalhes essenciais da leitura, então evite cair nessa armadilha. Acredito que os Arcanos Menores são mais fáceis de aprender, e por isso vamos tratar deles antes, seguidos das cartas da Corte e dos Arcanos Maiores.

Como você verá, no Tarô Dourado cada uma das cartas tem um código de cor, exibido como uma joia nas bordas da carta. Essa joia corresponde ao elemento que o naipe representa, funcionando como um excelente auxiliar de memória quando você está começando a fazer leituras:

Arcanos Menores
Paus = Vermelho = Fogo
Copas = Ouro = Água
(a Água é incolor, e por isso reflete o seu recipiente)

Espadas = Azul = Ar

Ouros = Verde = Terra

Todas as cartas dos Arcanos Maiores têm código de cor preta nas bordas.

Quando formos analisar o significado de cada carta, coloque-a à sua frente, mantendo as outras com a face para baixo para não distrai-lo, e faça uma pequena pausa para que as imagens da carta se mesclem com as interpretações sugeridas. Permita-se mergulhar nas imagens da carta. Não faça isso com pressa, ou perderá uma conexão vital com seu baralho. Não se limite a ler o significado da carta; reserve algum tempo para ler a descrição, pois nisto está o próprio significado real — o simbolismo que cria a interpretação.

As interpretações apresentadas a seguir mostram a essência do significado, mas também dão espaço para que você amplie seus próprios pensamentos dentro da estrutura dos significados apresentados, e, portanto, para que você os transforme em seu diário pessoal.

Uma carta isolada não faz uma leitura

Como iremos analisar cada uma das cartas individualmente logo adiante, parece relevante informá-lo de que o fator importante, ou talvez a arte (o segredo, se preferir) da leitura do Tarô consiste na associação de cada carta com as demais.

É por isso que aprender cada uma das cartas, como se você fosse um papagaio, não seria útil, pois quando as cartas se combinam, suas respectivas energias se fundem. Se você já viu uma "leitura automática" na internet, isso pode explicar por que elas não parecem fazer muito sentido.

Claro que você deve aprender as interpretações de cada carta, mas perceba que a precisão da leitura, e portanto a interpretação final, está no modo como as cartas se relacionam umas com as outras numa tiragem. Sua mente consciente e seu subconsciente trabalham juntos, como se estivessem compondo as respostas de um jogo de palavras cruzadas. As imagens registram-se imediatamente em seu subconsciente, enquanto sua mente consciente proporciona os vínculos.

Em todas as leituras, você vai buscar a confirmação da interpretação feita para as outras cartas. Se, por exemplo, uma carta representa casamento, você deve procurar a confirmação de outras cartas para fortalecer isso. Esta é outra área na qual muita gente erra quando aprende o Tarô. É importante conhecer cada carta, mas é preciso lembrar que as cartas vizinhas podem alterar ou modificar o significado.

Há uma comparação, uma similaridade que merece ser mencionada, mesmo que você não entenda do assunto. Na astrologia, cada planeta exerce uma influência sobre outro quando estão relativamente próximos. Os planetas são considerados amigos, neutros ou inimigos uns dos outros. A "guerra planetária" travada entre eles, em diversas combinações, proporciona a interpretação final.

Do mesmo modo, as cartas exercem efeito sobre as demais. Isso poderia explicar por que, quando você analisa os significados individuais, encontra uma semelhança em algumas das interpretações. Isso fortalece todas as cartas por associação. Às vezes ela é sutil, mas seu subconsciente vai fazer a conexão, passando-a para sua mente consciente e dando a você um desses momentos "Ah!". À medida que prosseguirmos, falarei com mais detalhes da associação entre as cartas nas seções relevantes.

Sobre cartas invertidas

Provavelmente, você deve estar começando a perceber que cada carta tem mais de um significado. Além disso, algumas pessoas também interpretam as cartas de maneira diferente quando surgem de cabeça para baixo — conhecidas como cartas invertidas.

Novamente, é uma área de escolha pessoal; alguns tarólogos usam-nas, outros não.

Experimentei os dois métodos e não uso as invertidas, pois sinto que as cartas oferecem interpretações suficientes se suas associações são lidas corretamente, considerando-se os tantos milhares de combinações que podem aparecer. Se uma carta aparece invertida, simplesmente ponho-a na posição correta.

Para muitas pessoas, a carta invertida representa um bloqueio da interpretação original, e não um significado completamente oposto. Se a área das inversões for interessante para você, talvez você possa fazer experiências com elas mais tarde, mas para as finalidades de nossos estudos, vamos ler as cartas de cabeça para cima.

Sobre as tiragens do Tarô

As tiragens do Tarô são os padrões de disposição das cartas, nos quais cada posição tem um significado específico e a carta é interpretada em relação à sua posição. No entanto, é sensato conhecer antes o significado da carta — e por isso vamos abordar as tiragens depois de concluirmos cada um dos significados.

Começando

- Por favor, ponha sobre a mesa o pano de leitura e pegue a carta que está sendo analisada, deixando as demais com a face para baixo, para que as imagens não o distraiam.
- Dê a si mesmo tempo para estudar a carta e veja como as imagens se relacionam com as interpretações.
- Segure a carta com os dedos e abra-se para sentir sua energia.
- Abra seu diário e, na primeira página, escreva o nome da carta e a data de hoje. Faça anotações telegráficas sobre o significado da carta, enquanto lê o significado em voz alta.
- Agora, você precisa personalizar a experiência da carta, o que irá torná-la mais real para você. Analise suas próprias experiências de vida e faça uma lista de circunstâncias pessoais nas quais essa carta teria sido apropriada, no passado ou no presente. Você não precisa se esforçar muito nisto; deixe seus pensamentos fluírem livremente e não tenha medo de anotá-los — não existe certo ou errado.

- A seguir, estenda sua percepção para fora de si mesmo. Pense em amigos, em familiares ou conhecidos que podem ter vivido a experiência dessa carta. Veio alguém à mente quando você leu o significado da carta? Faça uma lista dessas pessoas e de suas situações.

Recomendo que você deixe algum espaço na página para retornar a ela posteriormente, pois você verá que sua percepção se abriu e seu subconsciente vai começar a trabalhar silenciosamente com as sementes que você plantou, trazendo à tona outros incidentes enquanto você segue com sua rotina cotidiana. Você verá que está observando os eventos à sua volta de forma diferente.

Ao término de cada dia, acrescente seus comentários relevantes com base nas suas observações — não importa se forem pequenos, desde que você acrescente alguma coisa. Isso pode ser feito na página correspondente, no início, mas, com o tempo, faça um novo registro com a data e anote quaisquer eventos que aconteceram com você e que podem estar relacionados com certas cartas.

O propósito de seu diário é registrar eventos na linguagem do Tarô, pois dentro do Tarô encontramos todo evento concebível que preenche nossa vida e a vida das pessoas que nos cercam. Ao fazer isso, as mensagens do Tarô se tornarão reais para você.

Seu diário não é apenas uma ferramenta de aprendizado; é também importante para que você olhe para trás e veja como progrediu. Vamos falar de outros benefícios de seu diário quando começarmos a tirar as cartas — mas, por favor, use-o enquanto falamos de cada item.

Depois de completar cada naipe

Depois de ter escrito alguma coisa sobre cada carta, do ás ao dez de cada naipe, enfileire as cartas, da seguinte forma:

Acompanhe o naipe todo, percebendo sua progressão. Percorra o significado de cada carta e perceba os diferentes climas, imagens e energias. Este é um bom exercício que você pode fazer a qualquer hora, pois irá ajudá-lo a identificar a energia do elemento representado e as diversas formas que ele pode assumir.

Felicitações

Se você me acompanhou até agora, concluiu com sucesso as importantes bases do aprendizado do Tarô! Agora, vamos conhecer cada uma das cartas.

Resumo de suas ferramentas de trabalho

- Baralho de Tarô Dourado.
- Sacola ou caixa protetora para guardar as cartas do Tarô quando não estiverem em uso.
- Folha de gabarito sobre os quais deve dispor as cartas.
- Um pequeno cristal de quartzo natural, programado para orientação e proteção.
- Seu diário para registro de informações e experiências à medida que progride.

Conhecendo o Tarô

Parte Dois

SEXTO PASSO

Os Arcanos Menores — Naipe de Paus

Paus representa o elemento fogo, a centelha da criatividade que nos inspira a agir. Simboliza a autoexpressão através do empreendimento, e por isso costuma se referir ao trabalho e aos negócios. Fogo é uma energia masculina e ativa.

Ás de Paus

Todos os ases representam novos inícios, mas paus também é um naipe de inícios, e por isso esta carta representa uma força dinâmica e uma energia motora.

Perceba o fogo que emana desse bastão mágico ornamentado e suspenso no ar. Um par de mãos masculinas parece proteger o bastão, hesitante, quase de forma reverencial, movendo-se em sua direção.

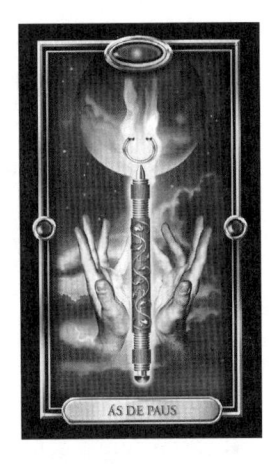

A carta representa o início de uma ação, a iniciativa, a criatividade em empreendimentos, o nascimento de novas ideias e inspirações, e também pode representar a semente de nova vida.

O Ás de Paus simboliza as sementes de uma ideia que o deixa excitado; frequentemente, ela assume uma orientação empresarial ou de carreira. Um novo emprego ou o início de um novo empreendimento são situações típicas em torno das quais esta carta aparece. Como esta carta tem muita energia criativa, é extremamente favorável para quem está envolvido em criação.

Por causa da energia que representa, esta carta indica um grau elevado de energia e de ação, e por isso tem força, entusiasmo e excitação... todos os ingredientes necessários, desde o início, para tornar bem-sucedido um empreendimento! Quaisquer projetos iniciados sob os auspícios desta carta indicam boas promessas para o futuro.

Ela também pode representar um modo de vida inteiramente novo, com a expectativa e a excitação que essa transição provoca.

Se acompanhada da Imperatriz, quase sempre traz notícias de gravidez ou de nascimento — literalmente, a criação de nova vida, pois o Ás de Paus é uma energia masculina ativa, também associada com a procriação, a semente da vida.

Se for o caso de um novo relacionamento e o Ás de Paus aparecer, pode estar certo de que será um relacionamento bem apaixonado!

Tal como ocorre com toda leitura, lembre-se: o *modo* como as energias da carta se expressarão pode ser identificado por meio das cartas que a cercam.

Dois de Paus

Vemos um jovem defrontando-se com dois bastões firmemente fincados no chão, mostrando que seu projeto tornou-se mais firme. Ele olha para além deles, bem além do horizonte, contemplando seus planos para o futuro. A vegetação é saudável, luxuriante e vibrante, o que transmite a sensação de otimismo. Os dois veados que o contemplam com igual fixação refletem os dois bastões.

O dois pode simbolizar a possibilidade de influência externa, talvez na forma de uma parceria. A encruzilhada na estrada mostra escolhas e decisões futuras que precisarão ser feitas à medida que o querente progride.

Tendo passado pela energia e pelas ideias trazidas pelo Ás de Paus, o Dois de Paus mostra que os estágios iniciais já avançaram, permitindo tirar o projeto do papel. Embora em tese o Ás seja uma carta maravilhosa, não pode se tornar significativa se a energia não se manifestar na realidade.

Como sucede com todo empreendimento novo, você precisa se concentrar em seus planos futuros e valer-se dos esforços necessários para ter sucesso. Mas a presença desta carta mostra que existe um potencial.

A energia do Dois também pode indicar uma parceria; colaborações e negociações com outras pessoas podem ser importantes para seu projeto, e por isso merecem sua consideração.

O Dois de Paus é uma carta positiva, que mostra você movendo-se na direção de suas metas e ambições.

Três de Paus

É possível que estejamos vendo o mesmo homem nesta cena, mas perceba a diferença em seu traje. Suas roupas certamente são melhores do que aquelas que ele usava no Dois de Paus. Parece que seus cabelos estão mais longos, simbolizando certa passagem do tempo, e sua postura parece mais confiante. Os dois bastões estão posicionados atrás dele, mostrando uma obra concluída. Ele segura o terceiro bastão enquanto contempla o mar.

É possível que o navio que ele vê esteja zarpando, ou ele pode estar aguardando a sua chegada — seja como for, seus pensamentos ainda se voltam para o futuro. Perceba as três gaivotas — como suas metas e ideias, elas se espalham igualmente entre ele e o navio.

Vemos emergindo aqui um padrão positivo de progressão, tomando a energia inicial do Ás, manifestando depois a ideia e posteriormente a conclusão desses primeiros passos. Suas metas iniciais se realizaram, e embora tenham sido bem-sucedidas, ainda há mais trabalho pela frente.

O Três de Paus indica progresso, sucesso inicial e mais planejamento para que tudo se mantenha em marcha, seguindo na direção certa.

Quatro de Paus

Quatro bastões, fincados firmemente no chão, mostram a estabilidade do número quatro. Guirlandas de flores postas sobre eles significam triunfo e celebrações. Nesta carta, um homem está voltado para nós; sua atenção dirige-se para sua família, e ele parece satisfeito. Coelhos passeiam e comem tranquilamente, sem serem perturbados, numa atmosfera serena.

Agora, vemos a estabilidade como resultado do trabalho árduo encetado antes. Você sente não apenas satisfação com aquilo que realizou até agora, como também harmonia — o que significa que agora você pode se recompensar com algum tempo para si mesmo. É indicado tirar férias, um período de descanso e relaxamento com sua família e os entes queridos, uma pausa bem-vinda para recarregar as baterias.

O Quatro de Paus traz ao cenário um elemento de bem-estar, a sensação de contentamento consigo mesmo e com a vida.

Quando outras indicações estiverem presentes, ela também pode mostrar que há planos de casamento — e neste caso, esta carta fortaleceria a mensagem das outras.

Cinco de Paus

Podemos ver cinco homens ameaçando-se mutuamente com cinco bastões, como se estivessem em combate, mas não fica claro quem está brigando com quem. O céu parece perturbado ao fundo e dois ratos se afastam como se previssem problemas. O cinco é um número de instabilidade, mudança e incertezas.

O Cinco de Paus representa conflitos, diferenças de opinião e também discussões mesquinhas.

Talvez não sejam problemas importantes e podem ser superados se alguém procurar a cooperação. No entanto, um pequeno distúrbio pode escapar ao controle e drenar energia de questões importantes que precisam ser resolvidas.

Se essa situação surgir à sua volta, procure não se envolver, pois se o conflito for tratado adequadamente, vai desaparecer. Não se sinta tentado a pôr lenha na fogueira — se puder bancar o diplomata, você será bem popular entre seus colegas mais tarde.

Se precisar de receptividade, agora *não é* a ocasião de apresentar sua mais recente ideia genial, pois há o risco de conflitos de poder e de competição. Mantenha-a na gaveta para uma ocasião em que a energia estiver mais propícia!

Seis de Paus

Entre bandeiras e uma multidão aplaudindo, um homem bem-vestido cavalga orgulhoso e ereto em sua montaria ornamentada. O bastão que ele segura tem uma coroa de louros, significando sucesso. O número seis representa harmonia e equilíbrio.

Esta bela carta significa que seus esforços e realizações serão reconhecidos pelos demais. Por isso, costuma indicar uma promoção vinda em sua direção.

Se você tem se esforçado profissionalmente, imaginando se os seus esforços darão frutos, fique certo de que terá satisfação com suas realizações; além disso, os outros também ficarão satisfeitos com você.

Esse tipo de sucesso é merecido e você tem todo o direito de se sentir satisfeito com seus esforços até esse momento.

O Seis de Paus é o portador de boas notícias.

Sete de Paus

Um homem segura um bastão e defende sua posição contra outros seis bastões. A porta aberta que ele parece estar defendendo pode representar a sua casa — portanto, ele está defendendo seus próprios ideais. Sua expressão é de grande concentração, embora ele não pareça abalado. O sete mostra a conclusão de um ciclo e pode provocar mudanças.

Suas ideias ou crenças podem ser desafiadas, a ponto de você sentir a necessidade de defender sua posição. Embora você possa enfrentar oposição, o Sete de Paus indica que você pode vencer essa situação e superar quaisquer obstáculos postos à sua frente. Para isso, vai precisar ficar calmo, ter confiança em si mesmo e possuir a coragem de defender aquilo em que acredita.

Oito de Paus

Oito bastões voam pelo ar, indicando velocidade, sobre uma paisagem campestre exuberante e fértil.

Se você tem sofrido revezes ou atrasos, o Oito de Paus será bem recebido, pois esta carta sempre traz uma energia ágil ao cenário.

Esta carta vem sempre acompanhada de uma explosão súbita de atividade e excitação, após a chegada de boas notícias.

O Oito de Paus também pode representar viagens, geralmente pelo ar.

Nove de Paus

Um homem em traje de batalha protege oito bastões; ele segura o nono à sua frente, pronto para lutar, defender e proteger tudo aquilo pelo que se esforçou. Por sua postura e expressão, vê-se que está cansado, mas ainda protege com bravura sua posição. O Nove é a penúltima carta do naipe.

Quando o Nove de Paus se apresenta, tende a mostrar que você se sente como se toda a sua energia tivesse se esvaído. A estrada foi longa e você acha que não consegue dar nem mais um passo... certo, agora vamos parar aqui durante algum tempo!

Embora você possa sentir que está a ponto de desistir, a mensagem que o Nove de Paus passa é que o seu sucesso está mais perto do que imagina e que você realmente tem a força interior necessária para isso. Não é hora de parar. Tendo chegado até aqui, *agora* é o momento de reunir suas reservas para o último trecho. A chave está na perseverança — com coragem e determinação, seu momento de triunfo aguarda por você!

Dez de Paus

Um homem carrega dez bastões com desconforto, noite adentro; suas costas estão encurvadas por causa do peso que ele carrega. Ele parece cansado, mas sua cabeça está erguida, mostrando que ele não desistiu e que continua com determinação. O dez é a expressão plena do naipe.

Você pode se sentir cansado e sobrecarregado de responsabilidades, ou com excesso de trabalho e sob pressão. No entanto, há maneiras mais fáceis de suportar o fardo, desde que você se afaste um pouco e olhe para além dele, mas será preciso ter determinação.

Também é possível ver aqui um aviso — aquilo que começou como uma ideia ou um projeto maravilhoso pode dar a sensação de que se tornou um fardo. Pode significar excesso de trabalho, sendo por isso um lembrete da necessidade de equilíbrio na vida.

Cuidado para não assumir nessa época mais coisas do que pode fazer, ou vai se arrepender depois.

SÉTIMO PASSO

Os Arcanos Menores — Naipe de Copas

Copas representa a água, que simboliza as emoções, mais especificamente o amor e os relacionamentos. Água é um elemento feminino, passivo e acolhedor.

Ás de Copas

Uma taça ricamente ornamentada flutua na água como que por mágica — representando sentimentos e emoções. As fases da lua, que também representam as emoções, aparecem no firmamento. Um grande olho nos observa sobre a taça, e três raios de luz dourada emanam dele até a taça; isso pode simbolizar nossos três níveis de existência: físico, emocional e espiritual — o reconhecimento de que o amor é a energia pura que pode nos preencher em todos os níveis.

O Ás de Copas costuma ser chamado de Santo Graal.

Os ases simbolizam novos inícios, o elemento água representado por Copas significa as emoções e, por isso, o Ás de Copas mostra o começo de um novo relacionamento, o começo do amor e da felicidade.

Para aqueles que já estão envolvidos num relacionamento sólido, ele representa o senso de renovação na parceria amorosa ou o início de algo novo, que traz felicidade emocional ao lar e à família.

Com outras indicações, o Ás de Copas também pode representar o nascimento de uma criança, pois o elemento água é feminino e, por isso, receptivo, acolhedor e gerador de vida.

Se você analisar como os sentidos ficam intoxicados e encantados quando estão envolvidos num novo romance, isso nos dá uma indicação da euforia emocional que pode estar associada a esta carta.

Uma vez que um estado sublime é reconhecido como o estado da existência encontrado pela energia do amor verdadeiro, é uma emoção que toda a humanidade tende a almejar. Seja romanticamente na busca de outra pessoa, seja espiritualmente na forma de iluminação, ele pode, por isso, ser comparado à procura do Santo Graal, aquilo que procuramos como a realização no nível emocional.

Dois de Copas

Um homem e uma mulher olham nos olhos um do outro com total atenção. A mulher loira e o homem de cabelos castanhos representam a combinação de duas polaridades opostas. Perceba a luz brilhante no céu que desce em círculo, abrangendo o homem e a mulher, abrindo-se sobre cada taça, parecendo atraí-las e uni-las. Esta é a carta da união. O Ás progrediu e tornou-se duas energias, masculina e feminina.

A energia do Ás manifestou-se na realidade, encontrando expressão na forma do Ás de Copas.

Esta bela carta é sempre uma visão bem-vinda no que se refere a relacionamentos afetivos. Quando o Dois de Copas aparece, mostra crescimento num relacionamento; seja qual for o estágio que vocês atingiram juntos, ela representa a passagem para o nível seguinte.

Para alguns (e com as indicações das cartas próximas), isso pode representar compromisso, ligação ou casamento — seja como for, uma união importante.

Com o Dois de Copas, o relacionamento se cerca de uma atmosfera de harmonia, equilíbrio, bondade e a silenciosa compreensão que as palavras não podem expressar. Esse vínculo é tão bom que, de certo modo, a vida não pode mais ser imaginada sem o outro. Você se sente deliciosamente inebriado e o sentimento é recíproco.

Com a maravilhosa energia desta carta, se antes houve discussões ou disputas entre pessoas que se amam, o Dois de Copas pode indicar a conciliação e a redescoberta das emoções que antes mantiveram ambos juntos em unidade.

Três de Copas

Três jovens mulheres dançam no céu com fitas e luzes brilhantes. As cores que vestem representam os outros elementos: verde para a terra, azul para o ar e vermelho para o fogo. Diante delas, duas taças despejam água numa terceira que vaza, com dois outros fios de água escorrendo para a lagoa onde a taça se encontra. Vemos que duas energias combinadas criaram uma terceira.

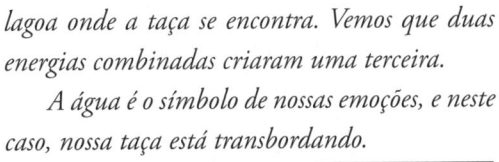

A água é o símbolo de nossas emoções, e neste caso, nossa taça está transbordando.

Há felicidade emocional, juntamente com uma sensação de abundância e de realização. O Três de Copas representa comemorações com amigos e familiares; também pode indicar casamentos ou batizados.

O Três de Copas também pode mostrar o progresso de um relacionamento que é emocionalmente gratificante, uma conclusão feliz de discussões, vitória e abundância. Geralmente, tende a indicar motivos para se comemorar com outras pessoas.

Quatro de Copas

Três taças estão em pé em primeiro plano, e uma quarta é oferecida magicamente das nuvens para um jovem que parece entediado e não se deixa afetar por evento tão espantoso. Ele está sentado em meio a uma paisagem vibrante, mas parece perdido em seus próprios pensamentos.

Um clima de alienação cerca o Quatro de Copas, um ar de indiferença. Pode representar uma sensação de tédio ou de descontentamento íntimo, embora não pareça haver nada de errado.

Tome cuidado com esse clima, pois nele você pode, sem querer, perder novos convites ou oportunidades — o tipo de coisa da qual você irá se lamentar depois.

Cinco de Copas

É fácil sentir a angústia e a melancolia do cavaleiro desta imagem. Com a cabeça curvada e três taças derramadas ao seu lado, ele não percebe as duas taças em pé atrás dele. As cores tristes do céu refletem essa atmosfera. O cinco representa a instabilidade e a mudança.

Quando o Cinco de Copas sai, mostra que você pode estar sofrendo desapontamentos. As pessoas podem tê-lo decepcionado, ou você pode estar se sentindo traído. Pode estar se lembrando de ações anteriores com certo arrependimento quanto a seus desdobramentos, seja devido às suas próprias ações, seja por causa das pessoas à sua volta.

Pode ser que a pessoa amada ou um amigo de confiança não fosse quem você esperava. Por isso, *às vezes* esta carta pode indicar a perda de um relacionamento e o processo natural de pesar que acompanha esse fato.

Devido aos sentimentos e emoções que o rodeiam, atualmente sua mente lógica está abalada. Por isso, saiba que nesse estágio a realidade da situação não pode ser compreendida plenamente, nem avaliada, enquanto o processo emocional estiver em curso.

Na carta, três taças estão caídas mas duas ainda permanecem de pé, indicando que ainda há fatores positivos em ação e que você não os viu ainda, pois seu foco atual está sobre aquilo que acha que perdeu.

É importante considerar esta carta no contexto do restante da leitura. Há indicações de que a situação pode ser sanada? Por outro lado, ela pode indicar que há algo novo e melhor à frente.

Por favor, tome cuidado com esta carta, pois em várias ocasiões em que ela apareceu eu tive a impressão de que tudo estava perdido, mas ela representava apenas uma situação temporária que depois foi resolvida, ou algo que existia apenas na mente do cliente e na forma como ele se sentia a respeito de uma situação. Isso também se aplicou a mim, em mais de uma ocasião!

Seis de Copas

Crianças brincam alegres num prado, cercadas por seis taças repletas de flores. As crianças representam aspectos de nossas memórias mais antigas e agradáveis. O seis é o número da harmonia e do equilíbrio.

O Seis de Copas indica alguma coisa ou alguém do passado que retorna. Pode ser um velho amigo que o visita, ou a renovação de um antigo relacionamento amoroso.

Também pode representar situações do passado que tornam a aflorar e a voltar para você. Nesse caso, seria algo que o afetou emocionalmente, algo pelo que você esteve apaixonado — e que por isso não se limita à sua vida amorosa.

Seja o que for, essa "brisa do passado" vai aparecer agora e pode lhe proporcionar felicidade e satisfação.

Tradicionalmente, esta carta também indica nostalgia — estar preso ao passado e não seguir em frente — mas, para isso, precisaria estar mal aspectada e cercada por cartas que endossassem essa postura.

Por falar nisso, você vai perceber que às vezes eu me refiro a uma carta como bem ou mal aspectada. São termos que uso para descrever os efeitos de outras cartas sobre uma em particular por sua *associação* com ela. Por exemplo, uma carta bem aspectada é aquela rodeada de outras consideradas bastante positivas. Portanto, as energias fundidas exerceriam um efeito benéfico sobre aquela carta, e o oposto seria o caso de uma carta mal aspectada.

Sete de Copas

Há sete taças entre as nuvens e sobre a água, cada uma com um tesouro interessante; todas parecem tentadoras e pedem para ser escolhidas. O fato de estarem entre as nuvens ou sobre a água representa nossos desejos subconscientes ou, literalmente, que se está "com a cabeça nas nuvens".

O Sete de Copas simboliza uma situação para a qual você acha que há diversas opções. Você pode se sentir assoberbado se a sua imaginação disparar. Na verdade, a dificuldade está em se tomar uma decisão.

Você precisa abordar a situação de maneira prática, estudar as opções de forma realista e decidir qual caminho irá tomar. A imaginação pode mostrar as coisas de forma irreal, e por isso o perigo está em não fazer nada e acabar de mãos vazias! Por isso, seja cauteloso: adote uma postura prática, metódica e sensata ao fazer sua escolha.

Oito de Copas

A figura desta carta está de costas para as oito taças atrás dela. As taças parecem ter estado empilhadas cuidadosamente antes, mas algumas estão fora do lugar. Pela posição, a pessoa não parece triste; ela está ereta e decidida, olhando para algum ponto distante, parecendo pronta para iniciar uma nova jornada e ouvindo sua voz interior. A Lua cheia representa a mente subconsciente.

A palavra mais associada com esta carta é "abandono".

As oito taças estão atrás da figura, o que representa o investimento emocional feito anteriormente. Como mostra esta carta, agora você dá as costas para a situação e se afasta dela, pois ela não o satisfaz mais. Portanto, ela mostra o abandono de alguma coisa por força de um desapontamento.

É preciso lembrar que o ato de se afastar da situação é uma *escolha*. Frequentemente, isso representa alguma coisa que o deteve por um longo tempo, mas que, devido ao tamanho do investimento emocional, foi difícil de deixar para trás e seguir em frente, mesmo que, por dentro, você estivesse ciente de que se tratava de uma ilusão. Finalmente, você vai seguir um novo caminho.

Nove de Copas

O alegre estalajadeiro recebe-nos e nos saúda com uma taça erguida, enquanto outras oito estão sobre barris repletos, representando alegria e abundância.

O Nove de Copas é uma das cartas mais promissoras do Tarô e às vezes é chamada de "carta dos desejos", significando a realização de um desejo importante e que lhe traz muita satisfação.

Pode representar a realização emocional e material, abundância e prazeres sensuais! Indica que você vai se sentir muito satisfeito.

Dez de Copas

O artista nos informa que ele vislumbrou esta carta a partir do seu ponto de vista, tal como ele vê, ao voltar para casa, sua família aguardando por ele. A paisagem é pacífica e vibrante, a atmosfera harmoniosa. Acima da casa, dez taças de ouro formam um aro no céu, sobre um arco-íris.

O Dez de Copas é a carta final do naipe do amor e da felicidade, e proporciona mais estabilidade do que o Nove. Para os românticos, é a carta mais desejada — a perfeita realização do amor emocional.

Quando o Dez de Copas aparece numa leitura, representa a felicidade na vida doméstica, junto com a promessa de sucesso duradouro num relacionamento. Simboliza amor comprometido e satisfeito com a permanência.

Esta carta costuma aparecer quando o casamento "está nas cartas".

OITAVO PASSO

Os Arcanos Menores — Naipe de Espadas

Espadas representa o elemento ar, que significa o intelecto, o aspecto pensante do nosso eu. Difere do aspecto criativo do fogo (paus), pois o ar representa o lado mais lógico e analítico de nossos pensamentos e, portanto, é mais perceptivo. Nossa mente pode ser nossa maior amiga ou nossa pior inimiga, pois volta e meia nossos pensamentos interferem em nosso caminho, criando confusão, ansiedade e conflito. O naipe de espadas costuma representar luta e animosidade.

Por esse motivo, muitas pessoas têm certo receio das cartas desse naipe. Contudo, não é necessário temê-las. Do ponto de vista positivo, o naipe de espadas permite-nos atravessar a confusão para enxergarmos as coisas como elas realmente são, para depois podermos lidar com a situação de forma realista e com grande clareza. Isso não pode ser realizado sem que antes vejamos a verdade acerca da questão.

Ás de Espadas

Contra o pano de fundo de um horizonte tempestuoso, uma espada dourada e ornamentada com joias incrustadas se encontra pendurada no céu. Está cercada por uma fita azul, que aqui simboliza triunfo e celebração.

Como esta carta é maravilhosamente poderosa! O Ás de Espadas representa vitória e triunfo sobre dificuldades. Para que isso ocorra, você vai usar grandes reservas de força interior e clareza de pensamento, e por isso seu sucesso é bem merecido.

O Ás de Espadas representa uma grande força e poder interior, mostrando que você tem a capacidade de superar obstáculos e adversidades. Esta é uma carta de vitória e de triunfo por meio de nossas próprias ações.

Dois de Espadas

Vemos um rosto de mulher suspenso contra um céu noturno nublado; uma faixa dourada cobre seus olhos e ouvidos. Como ela está vendada, não consegue enxergar sua situação atual. Diante dela, duas espadas douradas estão cruzadas na frente da lua. As espadas representam o conflito de seus pensamentos; a lua representa a mente subconsciente.

O Dois de Espadas simboliza uma situação de impasse, ou uma situação "travada". Você pode ter achado que precisava tomar uma decisão, mas não conseguiu ir em frente ou seguir outro caminho por causa da sensação de confusão.

Não vemos as mãos da mulher, e por isso podemos presumir que ela tem a liberdade de retirar a venda sozinha, mas a inércia a impede de fazê-lo.

Você precisa analisar a situação com lógica e tentar uma nova abordagem para superar o impasse. É *sempre* possível fazer algo. Aos olhos do Universo, nenhuma decisão já é uma decisão... por isso, é bem melhor assumir um papel ativo em seu destino.

Três de Espadas

Três espadas perfuram um coração diante do pano de fundo de um céu escuro e tempestuoso. Mas perceba como as nuvens estão carregadas embaixo e mais claras na parte de cima da carta. No centro do coração, há uma imagem do sol: na astrologia, o sol é a nossa aparência exterior para o mundo.

Emoções tempestuosas podem levar a discussões; se isso se agravar, pode levar a uma separação. Contudo, lembre-se sempre de que esta carta tem apenas a energia de um três.

Pode haver um abalo nas situações familiares, mas a esperança em relação ao futuro aparece nesta carta, representada pelo céu que vai se abrindo no alto da imagem.

O Três de Espadas pode representar separação entre entes queridos; esta carta também pode aparecer para casais que estão separados pela distância, pelo trabalho e assim por diante, tornando-os infelizes, e por isso não significa necessariamente a ruptura de um relacionamento.

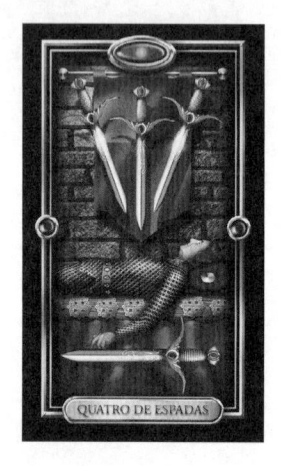

Quatro de Espadas

Um cavaleiro descansa em sua cama; a parede de tijolos a seu lado mostra a segurança de seu santuário. Acima dele, três espadas repousam sobre uma bandeira colorida, enquanto uma quarta está pronta, perto de sua mão, sugerindo que em algum momento o cavaleiro a empunhará para tornar a combater.

O Quatro de Espadas mostra o repouso, a recuperação e a "recarga das baterias" após um período de luta, estresse ou tensão.

Você pode se sentir um pouco alheio aos eventos externos, a necessidade de se retrair para ter conforto, ou estar se sentindo cansado demais para participar neste momento. É preciso um período de rejuvenescimento, tempo para reagrupar os recursos antes de se dirigir novamente para fora. Reserve algum tempo para se recuperar.

Cinco de Espadas

Na aurora do dia, testemunhamos um cenário de batalha. Uma figura solitária segura cinco espadas em pose vitoriosa, parecendo totalmente alheia ao sofrimento e à devastação daqueles que a cercam. Não há bandeiras ao vento para indicar que esse homem é um herói, e suas ações não são para se comemorar.

O Cinco de Espadas mostra que pode haver um elemento de ilusão nessa cena. Alguém não está sendo sincero em suas atividades; pode haver um plano secreto ou alguma forma de desonestidade.

Ela pode representar algo que foi perdido de forma injusta, ou alguém que sumiu de repente, sem qualquer explicação ou sinceridade, mostrando insensibilidade para com todos os envolvidos.

Como uma carta que pode mostrar desonra, derrota ou perda, ela avisa que é preciso ser cauteloso. Também indica que vitórias egoístas têm vida curta, e por isso você precisa assegurar-se ainda de que age com ética em tudo o que faz.

Seis de Espadas

À luz da Lua cheia, uma mulher com capa transporta-se calmamente pela água. Há seis espadas erguidas no barco, mas elas não parecem ameaçadoras.

O significado do Seis de Espadas é bem literal: sair de águas tempestuosas e adentrar águas mais calmas. Se você passou por momentos difíceis, esta carta garante a você que as coisas vão melhorar e que a harmonia será novamente restaurada.

Como demonstram as seis espadas no barco, nossas experiências fazem parte de nós e viajam conosco, lembrando-nos das lições de vida que tivemos.

Esta carta também representa uma viagem física, geralmente longa ou feita sobre a água.

Sete de Espadas

O homem que está deixando esta cena parece suspeito. Ele olha para trás ao sair, carregando cinco espadas desajeitadamente, tendo derrubado duas pelo caminho, que, sem dúvida, serão descobertas.

O Sete de Espadas pode representar situações que não correram conforme se esperava, ou nas quais a má sorte prejudicou os acontecimentos.

É possível que tenha ocorrido um furto; você precisa ficar ciente disso e tomar as devidas precauções. Pode mostrar ainda uma situação na qual alguma coisa lhe é tomada por cobiça, sem sentimentos aparentes de culpa — que geralmente é a natureza do furto. Há um elemento de injustiça cercando esta carta, mas é melhor prevenir do que remediar.

Esta carta também representa o uso da diplomacia contra métodos mais duros para se atingir o resultado desejado.

Oito de Espadas

Contra o pano de fundo do céu noturno, vemos uma mulher solitária com olhos, ouvidos e punhos atados, cercada por oito espadas. Perceba como as espadas não a tocam e que a corrente em seus pulsos parece estar solta. A luz que emana das espadas num fluxo descendente representa a clareza de pensamento que, devido à venda sobre os olhos, ela não consegue ver.

Quando nos sentimos restritos, o medo nos impede de seguir em frente e nossa confiança pode ficar bastante abalada.

Contudo, como a imagem mostra, nenhuma das espadas chega a tocar a mulher, e só seus sentidos limitados a impedem de sair da situação ou de vê-la com clareza.

O conselho desta carta é manter-se calmo e forte, sem ceder à sensação de paralisia a fim de escapar da situação. Tenha em mente que as espadas mostradas na carta também representam a clareza de pensamento, e por isso a resposta *está* disponível para você — talvez tenha de analisar a situação de outro modo.

Nove de Espadas

A mulher exibida nesta carta parece estar tentando se reconfortar. Ela está sentada na cama como se um sonho ruim a tivesse despertado, ou talvez ela não tenha conseguido dormir porque seus pensamentos a perturbam — simbolizados pelas nove espadas cruzadas e suspensas à frente dela. Na janela, uma coruja a observa; geralmente, as corujas estão associadas à sabedoria.

Esta carta costuma indicar sentimentos como sofrimento, desapontamento e desespero, uma sensação de ansiedade sendo vivida pela pessoa. Mais uma vez, porém, somos lembrados de que as espadas não chegam a tocar a pessoa. Pode ser o medo delas que cria o problema, e por isso as emoções negativas acabam perpetuando a si mesmas. Ver a questão com clareza (o que é simbolizado pela coruja) liberta-o disso.

Geralmente, nosso medo é que nos cega, fazendo o que "pode" acontecer parecer pior do que a situação realmente é.

Embora esta carta seja similar ao Oito, o Nove é mais intenso, mostrando uma progressão. Se, por exemplo, o conselho sugerido pelo Oito não foi seguido, isso pode levar ao sofrimento interior mostrado no Nove de Espadas.

Dez de Espadas

Dez espadas pendem diretamente sobre uma figura imóvel no chão. Um veado solitário parece mover-se na direção da figura, como se investigasse a cena. Mas contra o cenário sombrio, pode-se ver luz emanando das espadas. Como a última carta deste naipe menor, ela nos lembra do significado do ar — cortando a ilusão para ver as coisas como elas realmente são, a fim de seguir em frente.

O Dez de Espadas pode representar uma sensação de perda devida ao término de uma situação difícil. Mas em meio a isso, somos libertados e ficamos prontos para um novo começo, pois a vida move-se em ciclos.

Esta carta pode nos advertir sobre planos arruinados ou questões que não se concretizaram como esperávamos, levando a desapontamentos — mas console-se no fato de que talvez não fosse para acontecer daquele modo.

Se esta carta aparecer numa posição "futura", age como um aviso — agora o resultado depende das ações tomadas para evitar a situação. A ação molda o destino!

NONO PASSO

Os Arcanos Menores — Naipe de Ouros

Ouros representa o elemento terra, que simboliza nosso corpo físico e as necessidades da vida cotidiana, os aspectos materiais pelos quais trabalhamos e que prezamos — como dinheiro, propriedades e posses materiais. A terra exerce uma influência estabilizadora.

Ás de Ouros

Um grande pentáculo dourado domina esta carta. A paisagem campestre mostrada é verde, exuberante e tranquila. O topo do pentáculo fica voltado para o céu, com a lua por trás dele e o dia raiando. Um ângulo do pentáculo aponta para o chão, simbolizando o elemento terra.

O Ás de Ouros representa prosperidade e ganhos materiais, o início de empreendimentos de sucesso que trazem boas recompensas financeiras — e assim esta será uma excelente carta se você estiver pensando em montar um novo negócio.

Pode significar documentos que têm importância material, como contas da empresa, certificados ou diplomas acadêmicos, certidões de casamento, documentos de herança como testamentos, contas bancárias ou registros de imóveis. Às vezes, pode representar a chegada de uma correspondência importante, em geral de natureza oficial ou monetária.

Com outras cartas que a apoiam, pode indicar certa soma em dinheiro, presentes ou uma herança.

Dois de Ouros

Um jovem, exibindo ar de calma concentração, faz malabarismo com dois pentáculos, com um arco-íris emanando de suas mãos. Atrás dele, podemos ver um navio no mar calmo, e sua silhueta se destaca sobre uma Lua cheia com um golfinho. Esses símbolos representam o mundo de nossas emoções; nesse caso, elas não perturbam nosso preocupado jovem em sua tarefa.

O Dois de Ouros representa o esforço necessário para manter com sucesso o equilíbrio na vida; pode indicar que a pessoa está tentando tocar mais de um projeto ao mesmo tempo, um equilíbrio entre o lar e o trabalho, ou até a tentativa de equilibrar as finanças.

É preciso cuidado para manter o equilíbrio a fim de que tudo progrida suavemente e flua de maneira harmoniosa. Há bons sinais de que isso pode ser atingido.

Três de Ouros

Um jovem artesão demonstra firme progresso ao trabalhar diligentemente, com orgulho e concentração. Vemos as ferramentas de seu ofício e os frutos de seu trabalho, que ele segura nas mãos com admiração.

O Três de Ouros revela que, com seu esforço, o sucesso começa a aparecer. Você deveria se sentir mais realizado, além de ter alguma melhora material.

Esta carta pode mostrar o reconhecimento pelo seu trabalho, seja em termos financeiros, seja pelo fato de os demais reconhecerem seus talentos e habilidades, embora isso possa se dar de um jeito mais formal do que você gostaria. Também mostra um trabalho do qual você gosta e para o qual tem habilidade natural.

Sejam quais forem as atividades que a carta possa representar, sendo um três ela mostra os estágios iniciais de conclusão com sucesso.

Quatro de Ouros

Um comerciante bem-vestido segura quatro pentáculos contra o peito.

O Quatro de Ouros pode indicar um foco sobre metas e questões financeiras neste momento, e que você está preparado para atingi-las.

Contudo, por ter se esforçado para chegar a alguma forma de estabilidade financeira, talvez haja o medo da perda, o que pode levá-lo a se apegar com algum exagero a tudo. Não há nada de errado em se esforçar para conseguir seu dinheiro, ou em ser cuidadoso com seus recursos — desde que tais atitudes não se tornem preocupações.

Esta carta costuma aparecer quando há um elemento de cautela excessiva ou de "contenção" emocional, e pode indicar que você precisa relaxar um pouco para que a situação progrida — assumir um risco calculado.

Se estiver com aspecto negativo, pode indicar alguém que tem uma disposição avara, ou que não se sente inclinado a repartir.

Cinco de Ouros

Um casal com trajes simples está diante de um vitral que mostra cinco pentáculos. A mulher segura seu filho para aquecê-lo. Atrás deles, há uma igreja na qual poderiam pedir abrigo, mas eles parecem tão preocupados com seu destino que não a veem.

Aparentemente, esta carta mostra tudo aquilo com que o comerciante do Quatro de Ouros se preocupava! O Cinco de Ouros é um aviso, mostrando que é preciso prestar atenção nos assuntos financeiros para se precaver contra perdas, e por isso não é hora de ir às compras ou de dedicar-se à terapia dos shoppings!

Problemas temporários podem ocorrer, e talvez ser sentidos em termos financeiros ou até emocionais, mas se prestar atenção, verá que a ajuda está próxima. Pode haver escassez de dinheiro ou de recursos, por isso reserve algum tempo para rever com cuidado suas finanças, assegurando-se de que tudo está em ordem e reorganizando o orçamento conforme suas necessidades.

Talvez não seja um bom momento para assumir novos compromissos financeiros ou para firmar acordos — faça da cautela seu guia.

Dito isso, tome cuidado para não deixar de lado quaisquer oportunidades válidas que possam melhorar sua situação nessa época.

Seis de Ouros

Um comerciante bem-vestido segura os pratos de uma balança e oferece pentáculos de ouro para mãos estendidas.

O Seis de Ouros mostra sucesso e ganhos materiais, e que se está numa posição que lhe permite repartir com os demais. Os negócios devem estar rendendo, ou talvez haja um aumento de salário a caminho.

O importante é que depois que o trabalho foi feito, as recompensas são desfrutadas. Isso não ocorre apenas em termos monetários, mas também indica que você reparte o seu tempo com os outros. Invariavelmente, quando nos esforçamos, as pessoas mais próximas e mais queridas é que pagam o preço de não terem nossa presença pelo tempo que mereciam. Agora que os resultados estão começando a se manifestar, demonstre seu reconhecimento, pois o tempo é um recurso precioso que nunca pode ser substituído.

Se o dinheiro estava prestes a entrar, então esta carta indica que agora deverá ser recebido. O Seis de Ouros é uma carta de generosidade e bondade, e por isso presentes também são indicados.

Sete de Ouros

Uma mulher está de pé, avaliando seus frutos sadios antes da colheita. Ela olha para o futuro. Os sete pentáculos representam o ganho financeiro que ela pode esperar por tanto trabalho e esforço, plantando e cuidando de sua safra até o momento de usufruí-la.

O Sete de Ouros mostra que o esforço e a paciência serão recompensados, e que o trabalho metódico rumo à realização traz o sucesso.

Você deve receber boas notícias sobre sua situação financeira atual, e todas as formas de aplicação ou negociações de compra e venda estarão bem aspectadas.

Embora seja uma carta boa, é importante continuar a planejar o futuro — colhidos os frutos, você deverá reabastecer-se para o futuro.

Oito de Ouros

À luz de velas, um jovem trabalha com esforço concentrado no pentáculo à sua frente. Aparecem outros pentáculos atrás dele enquanto o jovem aperfeiçoa seus talentos. Tem-se a impressão de que ele está trabalhando tarde da noite, demonstrando dedicação a seus estudos.

A carta Oito de Ouros tem sido chamada de "carta do aprendizado". Pode significar o estudo de nova habilidade ou profissão. Por isso, costuma aparecer quando há a oferta de novo emprego ou de nova posição. Também pode mostrar o ingresso num estabelecimento de ensino, como uma universidade ou faculdade, ou mesmo estudos em tempo parcial.

Geralmente, o Oito de Ouros indica que os talentos atuais podem ser usados para a criação de um empreendimento que trará ganhos financeiros. Pode ser um interesse, um *hobby* ou um talento adicional que você não está usando em seu potencial pleno.

Pode ser um bom momento para analisar com atenção as questões vocacionais — se você já quis seguir uma carreira diferente (ou progredir na atual), procure se informar a respeito, pois os sinais apontam para uma oportunidade que pode estar mais acessível do que você imagina.

Nove de Ouros

Uma mulher está ricamente adornada com belas roupas e joias. Ela está diante de uma pérgula ornamentada, num jardim onde florescem nove pentáculos. Ela contempla o falcão em sua mão e parece satisfeita; a ave representa o domínio de suas metas e planos.

O Nove de Ouros indica sucesso financeiro e segurança material, geralmente atingidos graças ao esforço pessoal. Embora a mulher desta carta apareça sozinha, a carta indica independência financeira e não solidão.

As finanças devem melhorar a ponto de permitir certo conforto na vida, bem como um estilo de vida agradável e confortável. Com outras indicações, pode representar uma herança.

Se você tem se esforçado, trabalhado bastante e rumado cuidadosamente para suas metas, esta carta indica agora a recompensa por seu empenho. Parabéns!

Dez de Ouros

Um robusto baú de madeira aberto revela dez pentáculos de ouro. As famílias costumavam usar baús de madeira para guardar seus tesouros materiais antes de pô-los em cofres. A pequena criatura peluda parece bem alimentada e satisfeita, enquanto uma tartaruga arrasta-se lentamente, representando a passagem tranquila do tempo. Vemos o símbolo do sol na tampa e na frente do baú. Na astrologia, o sol costuma representar a figura paterna, status *e honra.*

O Dez de Ouros significa a estabilidade financeira e familiar. A segurança do lar e da família é vital para esta carta, e negócios imobiliários podem ser indicados. Ela se refere em especial ao lar familiar.

Esta carta também mostra bens materiais sendo transmitidos através das gerações, e por isso é preciso garantir que testamentos, fundos e apólices de seguros estejam redigidos, em bom estado e atualizados. Esta carta também pode indicar heranças.

Ela pode representar grandes somas em dinheiro ou um aumento de receitas, mas deve ser lida em conjunto com as cartas próximas.

Esta bela carta mostra a satisfação de quem se sente assentado e seguro em termos materiais. Sua casa e sua família têm bases firmes e confortáveis... tudo está bem no seu mundo.

DÉCIMO PASSO

Sobre as cartas da Corte

De todas as cartas, talvez as cartas da Corte sejam as que oferecem mais variedade de interpretação, o que pode explicar por que algumas pessoas acham que aprendê-las é um desafio. Para dar um exemplo, alguns dos significados podem representar uma pessoa, um evento ou até aspectos diferentes da mesma pessoa. Não é à toa que causam confusão! No entanto, o que lhe apresento aqui possui limites definidos; foi como a interpretação das cortes evoluiu para mim ao longo dos anos, um formato que funciona bem para minhas leituras.

Em primeiro lugar, o ponto mais importante é relacionar as cartas da Corte relevantes com o elemento do naipe que representam, o que significa o tipo de energia que as influencia.

Será útil você dispor as cartas da Corte à sua frente e ler primeiro o significado do elemento do naipe antes de buscar as interpretações de cada uma.

Os significados que lhe apresento são exatamente aqueles que uso em meu trabalho, e que sempre me deram resultados confiáveis.

Pessoalmente, não identifico as pessoas simbolizadas pelas cortes com signos astrológicos, pois creio que isso é limitador. Às vezes, podem representar bem o signo solar de uma pessoa, mas muitos indivíduos têm fortes características do signo ascendente ou lunar. Não só isso, como o cliente pode nem saber o signo astrológico da pessoa a quem você se refere. Por isso, não uso essa base.

Do mesmo modo, não faço referências a cor de pele, aparência, cor dos olhos ou dos cabelos (que podem ser tingidos) da carta. Acho que o caráter e os traços de personalidade da pessoa são mais confiáveis.

Se pensar bem, quando descrevemos uma pessoa para um amigo, temos a tendência a usar algumas palavras ou frases que a caracterizam, a traçar um retrato do tipo de pessoa a quem nos referimos. Fazemos isso o tempo todo. Ao identificar as cartas da Corte, perceberá que é a mesma coisa. Notei que, numa leitura, posso usar algumas frases descritivas e o cliente costuma identificar a pessoa rapidamente — se não, sabemos que é alguém que ainda vai aparecer no cenário.

Nas descrições a seguir, você verá que o texto apresentado para reis e rainhas é bem extenso. O motivo é expandir o tipo de personalidade que você pode associar com esta carta, em diversas situações. As pessoas não precisam ajustar-se a todas as variações possíveis, mas você verá que as características básicas não mudam.

Ao avaliar quem essas cartas representam, também é importante perceber que, como indivíduos equilibrados, todos nós temos algumas características de cada elemento; nas mulheres, é possível que cada rainha, por exemplo, represente um lado diferente delas mesmas, dependendo das circunstâncias. Contudo, quando levamos em conta as cortes, é importante procurar a carta mais significativa de uma pessoa, mais do que as outras — e na verdade não é muito difícil fazer isso.

Um bom exercício prático é estudar primeiro as cortes e depois, em seu diário, relacionar pessoas que vêm à mente na mesma hora para cada uma das cartas da corte.

Pessoas ou eventos?

Algumas cartas da Corte podem representar uma pessoa ou um evento. Talvez seja aí que começa a confusão, mas não se preocupe com isso no momento, pois, mais uma vez, isso se resume às associações com as outras cartas e será explicado.

Com relação a pessoas:

- *Valetes*: crianças ou jovens de qualquer sexo, até uns 17 anos de idade.
- *Cavaleiros*: jovens entre 18 e 25 anos.
- *Rainhas*: mulheres maduras, geralmente com mais de 18 anos.
- *Reis*: homens maduros, com 30 anos ou mais, mas às vezes com 18 anos ou mais.

Para mim, quase sempre os cavaleiros representam eventos e não pessoas. Talvez isso se deva ao fato de hoje os jovens serem considerados "adultos" numa idade bem menor, em comparação com outras épocas, quando os jovens passavam por aprendizados, eram julgados com base na precedência etária sobre seus pares e "conquistavam" seu respeito.

As mulheres, porém, atingem cedo a idade em que podem dar à luz, costumam ser mais maduras do que os homens em termos psicológicos e, por isso, passam de criança a adulto mais rapidamente.

Com relação a eventos:
- *Valetes*: levam mensagens contendo notícias.
- *Cavaleiros*: representam formas de ação, expressadas com energias distintas conforme o naipe, e certos eventos.

Assim, para que você possa comparar as diferentes energias e características das cartas da Corte, vamos estudar cada uma em grupos por "categoria" — ou seja, todos os valetes, depois os cavaleiros, as rainhas e os reis, em vez de agrupá-las por naipe. Acho que assim fica bem mais fácil perceber as diferenças entre os indivíduos e os elementos. Você vai perceber um forte elemento comum entre as personalidades que têm os mesmos naipes — e cujas diferenças dão-se sutilmente em função da maturidade ou da energia masculina *versus* feminina.

Mais uma vez, quando for estudar uma carta, ponha-a à sua frente e registre-a em seu diário com o seu significado. Depois, registre as pessoas (ou os eventos) conforme considere apropriado, para que as cartas sejam reais para você e não um pedaço de cartolina com palavras e imagens gravadas.

Um ponto a destacar...

Um aspecto específico do Tarô Dourado é que você perceberá as "famílias" da corte rodeadas pelas cores que representam o seu naipe, ou trajando essas cores. Com paus, temos o vermelho, elemento fogo; o dourado para copas, o elemento água; azul é espadas, o elemento ar; e o verde é ouros, o elemento terra.

Reserve algum tempo para dispor as cartas da Corte lado a lado, em grupos de quatro, agrupadas pelos naipes. Se você as dispuser em fileiras da esquerda para a direita, vai identificar imediatamente as sensações distintas relacionadas com cada naipe e a noção de uniformidade em cada família (valetes, cavaleiros, rainhas e reis). Esse é um exercício extremamente útil, que vai ajudá-lo a identificá-las com rapidez e eficiência quando elas aparecerem numa tiragem.

DÉCIMO PRIMEIRO PASSO

Os Arcanos Menores — Os Valetes

Antigamente, os valetes eram jovens e costumavam atuar como mensageiros, entregando à mão mensagens seladas em nome de seu rei ou rainha, para a corte real.

Valete de Paus

Criança ou jovem (elemento fogo):

Ativo e enérgico, alegre, otimista, às vezes aparenta ser destemido, voltado para a ação. Cheio de novas ideias, mas que não costuma "levá-las a fundo", tendência a mergulhar de cabeça nas coisas sem pensar muito bem antes. Expressões como "travesso" ou "bagunceiro" descrevem essa pessoa.

Como um evento

Boas notícias a caminho — geralmente de forma súbita, podem estar relacionadas com o trabalho. Podem ser recebidas por carta, por telefone ou verbalmente.

Valete de Copas

Criança ou jovem (elemento água):

Bondoso, atencioso, gentil, criativo, artístico, geralmente bem-comportado, educado. Sensível aos outros, mas pode ser um pouco suscetível a críticas ou abalar-se com as realidades mais duras da vida. Geralmente é estimado pelos outros, mas pode ter dificuldades para se socializar na escola por conta de sua natureza sensível e por levar demasiado a sério as ações ou palavras impensadas de outras crianças.

Como um evento

Boas notícias, geralmente de natureza emocional; podem ser sobre amor, noivado, casamento ou nascimento.

Valete de Espadas

Criança ou jovem (elemento ar):

Tem pensamento ágil, frio e profundo. Ouve tudo mas não fala desnecessariamente. Sigiloso, analítico, tende a tomar decisões lógicas, parece muito solene, mesmo quando está feliz. Pode parecer pouco sensível aos sentimentos alheios. Qualquer forma de injustiça o perturba, pois ele segue as regras e não compreende aqueles que não o fazem. Pode enganar os outros ou fazer fofocas, provocando rumores e problemas, embora sem intenção.

Como um evento

Representa notícias atrasadas ou desapontadoras. Pode mostrar pequenos problemas com uma criança ou para ela — por exemplo, seu comportamento. Dependendo das cartas à sua volta, pode representar alguém causando pequenos problemas com fofocas mesquinhas.

Valete de Ouros

Criança ou jovem (elemento terra):

Estudante que gosta de ler e de aprender. Jovem íntegro, com postura metódica, esforçado, comportado, educado, disciplinado, com amor e respeito pelos animais e pelo campo. Pessoa íntegra, não alguém do tipo "festeiro". Geralmente, com boa habilidade manual ou para coisas de natureza prática.

Como um evento

Você deve receber boas notícias que trarão mudanças positivas à sua vida; pode ter ligação com dinheiro ou com estudos.

DÉCIMO SEGUNDO PASSO

Os Arcanos Menores — Os Cavaleiros

Os cavaleiros representam alguma forma de ação; é fácil entender isso ao ver que todos estão montados a cavalo, com trajes adequados e prontos para agir. A energia e o tipo de ação, ou sua forma de expressão, mostram-se coerentes com o elemento que representam.

Cavaleiro de Paus

O Cavaleiro de Paus demonstra confiança. Tende a levar movimento ágil a questões com um elevado nível de energia.

Representando um jovem (elemento fogo):

Quando representa um jovem, o Cavaleiro de Paus é enérgico, aventureiro, cheio de ideias ambiciosas, caloroso e excitante, mas com tendência a ser apressado.

Como um evento

O Cavaleiro de Paus quase sempre aparece quando alguém está prestes a mudar de residência. Pode também significar uma longa jornada sendo realizada (às vezes ambos, como no caso de imigração). Como sempre, procure cartas de apoio.

A energia representada por este cavaleiro mostra a tendência a fazer os clientes acharem que devem agir rapidamente — mas não devem, na pressa, esquecer de conferir bem os detalhes antes.

Cavaleiro de Copas

O Cavaleiro de Copas, com seus belos trajes, avança com expectativas idealistas. Com adequada expressão teatral, ele ergue bem alto sua taça, entre sinais de celebração, sobre seu cavalo que empina. A visão do cavaleiro romântico...

Representando um jovem (elemento água):

Um jovem rapaz, romântico e idealista.

Como um evento

A energia simbolizada por este cavaleiro é sempre sentida no nível emocional. Ele representa ofertas que lhe serão feitas, acompanhadas por um elevado nível de excitação.

Devido ao elemento que representa, o Cavaleiro de Copas é o que se deve buscar com relação a convites românticos ou propostas de casamento. Para pessoas ligadas às artes, ele costuma indicar ofertas ou desenvolvimentos interessantes no trabalho (as associações com as cartas determinam qual dessas hipóteses é a válida).

Cavaleiro de Espadas

Este cavaleiro é o único que mostra sua espada, representando sua capacidade de agir com destemor. Sua espada se ergue diante de uma coruja que o observa, representando a sabedoria. A tarefa do Cavaleiro de Espadas é ensinar-nos a usar discernimento, a ver as coisas como realmente são, e a ter força para lidar com elas adequadamente. Como é difícil fazer isso quando estamos muito carregados emocionalmente, é possível que sintamos um torvelinho interior.

Representando um jovem (elemento ar):

Como jovem, terá raciocínio rápido, será um tanto sério e às vezes impaciente. Tem personalidade forte e pode ter um ar estranhamente magnético, embora às vezes pareça insensível aos sentimentos dos outros em virtude de seu jeito franco.

Como um evento

A energia trazida por este cavaleiro é tão intensa que pode provocar o caos por conta da velocidade com que os eventos se desenrolam e dos sentimentos confusos que eles podem acarretar. Às vezes, sua rapidez se faz necessária, pois traz circunstâncias melhores. Este cavaleiro proporciona bastante força, o que pode ser vantajoso, por isso você precisa estar pronto para acompanhar as mudanças que ele traz.

Cavaleiro de Ouros

O Cavaleiro de Ouros dá a impressão de não estar indo a lugar nenhum, pois seu cavalo está quieto no campo, observado por um coelho que não se deixa perturbar.

O movimento trazido por este cavaleiro sempre é bem recebido, pois o Cavaleiro de Ouros nunca se vale de atalhos em virtude de sua natureza metódica. O conto infantil da corrida entre a lebre e a tartaruga é um bom exemplo.

Ele não parece tão excitante quanto os outros cavaleiros, mas é confiável quando se deseja um resultado definitivo.

Representando um jovem (elemento terra):

Como jovem, será firme e fidedigno — o Sr. Confiável.

Como um evento

Todos ficam contentes ao ver esta carta, pois significa que aquilo pelo que se esteve esperando finalmente vai acontecer — e isso pode dizer respeito a qualquer área da vida, seja trabalho, dinheiro ou amor. Se há uma situação que você desenvolveu de forma metódica e pela qual esperou pacientemente, sem obter resultados até agora, finalmente a verá se realizar!

DÉCIMO TERCEIRO PASSO

Os Arcanos Menores — As Rainhas

As rainhas representam as mulheres do elemento de seu naipe. Como hoje há mais mulheres independentes, mães e esposas que trabalham, as interpretações tradicionais são levemente diferenciadas.

O primeiro parágrafo concentra-se nas principais características de personalidade dessas mulheres, pelas quais normalmente podem ser identificadas. Expandi isso para dar mais indicações sobre o tipo.

Rainha de Paus

A Rainha de Paus tem natureza afável e personalidade atraente, costuma ser alegre e está sempre ocupada com uma série de projetos diferentes ao mesmo tempo.

Sua casa é importante para ela; ela é leal com sua família e amigos e os protege, é a pessoa com a qual podem contar. Não há problema grande demais para ela. Perceba o fogo que queima no fundo da carta — lembrando a frase "manter acesa a chama do lar".

Se esta mulher fosse mãe em tempo integral, ainda assim você a encontraria como voluntária na quermesse da escola, levando e trazendo os filhos das amigas e fazendo muitas outras coisas! Ela tem uma energia inesgotável e gosta de estar atarefada.

No trabalho, sua escrivaninha pareceria um caos animado, mas no qual ela conseguiria encontrar tudo. É ela que corre com a prancheta, enérgica, organizando os colegas, cheia de ideias, estimulando alegremente os outros a agir. Pode ser bem ambiciosa e certamente tem energia e ânimo para garantir seu sucesso, mas como está sempre ocupada, encaixando tudo nas suas 24 horas, ela pode se descuidar de detalhes e seu caos talvez faça com que se esqueça das coisas — quantidade e não qualidade. Mas esse seu aspecto geralmente é perdoado de bom grado por conta de sua natureza alegre e de sua disposição para ajudar.

Do ponto de vista negativo, essa rainha *pode* ser temperamental, desorganizada, controladora ou sufocante. Ela pode ser vingativa, embora não de forma declarada; pode ter a tendência a ser "maldosa".

Rainha de Copas

A Rainha de Copas é bondosa, gentil, sensível e atenciosa, charmosa, socialmente educada, criativa e artística. Às vezes, pode parecer "desligada" do mundo exterior, pois está bem sintonizada com seu mundo interior, no qual entra facilmente, o que às vezes lhe confere um jeito distante. Ela prefere reuniões ou conversas com poucas pessoas a relacionar-se com grandes grupos. Geralmente bem feminina e empática por natureza, às vezes pode ser melancólica ou estar sujeita a mudanças de humor.

Perceba, na carta, sua expressão "desligada" e distante.

A Rainha de Copas gosta de coisas esteticamente agradáveis; seu lar e suas roupas e acessórios têm sempre um detalhe, pequeno mas de bom gosto, que a destaca. Embora discretos, você encontrará detalhes reveladores disso por toda parte: sua caneta, sua agenda, itens na sua escrivaninha e assim por diante. Sua casa e suas roupas revelam bom gosto e um toque de senso artístico — qualquer que seja o tamanho de seu orçamento — e sua casa é um lugar que reflete esse senso de harmonia de que ela precisa.

A Rainha de Copas é aquela que percebe quando alguém não parece estar bem, pois é muito sensível aos sentimentos alheios. Ela não se impõe sobre os outros, tende a ser um tanto contida por natureza, mas se for uma boa amiga sua, passará horas ouvindo seus problemas, demonstrando empatia, oferecendo apoio e sugestões sensatas.

Enquanto a Rainha de Paus ficaria feliz em fazer alguma coisa prática para você (diferentemente desta rainha), ela também pode parecer dispersiva com sua atitude animada, e provavelmente comentaria que tem certeza de que tudo ficará bem no final das contas, ou que não sabe o que sugerir. Perceba a diferença entre os dois elementos. Na Rainha de Copas, você encontra alguém que realmente escuta e se preocupa com os demais.

A Rainha de Copas costuma ser encontrada numa profissão de ajuda, assistência ou cura: enfermagem, ensino, terapias alternativas, psíquica, artes, decoração, moda e assim por diante.

Em termos românticos, essas pessoas podem se magoar facilmente em virtude de sua natureza sensível. Quando ficam mais velhas e aprendem com a experiência, passam a se proteger melhor, e por isso podem parecer difíceis de se avaliar, ou distantes — mas estão protegendo o núcleo sensível de suas emoções. Gentileza, bondade e segurança são necessárias em seus relacionamentos; palavras ou ações ásperas ferem fundo.

Do ponto de vista negativo, podem ser sonhadoras e pouco realistas, excessivamente sensíveis, propensas a se fazerem de vítimas, desistem facilmente (não têm muita "garra"), são facilmente conduzidas pelos outros e podem ser manipuladoras. Não gostam de se manifestar, e acham que fazê-lo gera confrontos.

Rainha de Espadas

A Rainha de Espadas é uma mulher independente que assume uma postura bem racional. Seus modos diretos podem dar a impressão de que ela é pouco emotiva. No entanto, tem forte senso de equilíbrio e correção, bom raciocínio e excelente percepção, e por isso ela domina a capacidade de deixar as emoções de lado para se concentrar na lógica e nos fatos.

Perceba como ela segura sua espada sob a fonte de luz dessa carta — simbolizando a sabedoria e a clareza de pensamento que as espadas podem proporcionar.

Tradicionalmente, a Rainha de Espadas representava uma mulher sozinha, que tinha conhecido o sofrimento e a perda: viúva, divorciada ou solteirona, às vezes sem filhos. Contudo, nem sempre é esse o caso, e os traços de personalidade são a melhor indicação. A *força interior* pode ser uma boa descrição aqui, e esta pode ter sido obtida por meio do sofrimento pessoal, e por isso ainda é relevante um elemento do significado tradicional.

Mesmo sendo uma pessoa casada, ela teria um lado independente e aparentemente não precisaria depender do parceiro para cuidar dela ou para tratar do seu lado emocional. Ela é feliz e satisfeita por si mesma, capaz de tomar conta de seus próprios negócios e não tem carência emocional. A Rainha de Espadas é simplesmente uma mulher forte e independente.

Ela sabe apoiar os outros, e, desde que esteja do seu lado (e acredite que você tem razão), ela é uma fonte de força e irá defendê-lo bravamente. Essa rainha não tem medo de dizer o que pensa e costuma estar certa, o que é bastante enervante para aqueles que não estão prontos para ouvir a verdade!

É extremamente bem organizada e eficiente, uma excelente defensora de causas justas ou de organizações que exigem um toque rude. Seu trabalho pode ser um bom indicador disso e ela pode encontrar na lei um canal de vazão para essa expressão, por exemplo, mas também em ambientes nos quais se faz necessário um líder forte, nos quais os outros podem confiar, como uma diretora de escola, uma matrona ou até altas posições executivas nas quais a mulher precisa ser forte para se manter no lugar. Tem pensamento rápido, e sua mente analítica faz com que se sinta feliz em qualquer lugar onde sua mente e seu raciocínio ágil são desafiados.

A Rainha de Espadas, num nível bastante básico, pode ser uma pessoa com língua afiada, mas também pode ser a "defensora do povo".

Do ponto de vista negativo, ela pode ser excessivamente crítica, intolerante e ser capaz de dilacerar as pessoas com suas palavras. Traia-a e não terá uma segunda chance — ela não é dessas pessoas com quem se deve discutir!

Rainha de Ouros

Geralmente, esta rainha tem segurança material. Por natureza, tende a ser calorosa, generosa, prática, consciente do dinheiro e bem-sucedida em tudo aquilo que faz — inclusive ao conciliar sua carreira com o lar. Ela não tem medo de se esforçar no trabalho e age metódica e incansavelmente para ter êxito; por isso, vive com conforto. Boa mulher de negócios, também costuma ser encontrada no topo das organizações. Trabalha de forma íntegra e sabe o valor de fazer as coisas corretamente. Toma boas decisões em seus negócios e tem mente prática.

Perceba o pavão na carta; os pavões costumam ser considerados símbolos de prosperidade.

Em seus diversos disfarces, você vai encontrar a Rainha de Ouros como uma mulher rica — agradável e generosa com os demais. Ela desempenha bem o seu papel. Esposas de nobres titulados, são encontradas administrando grandes patrimônios, dos quais auferem rendimentos. Com bela postura social e de maneiras corretas, suas roupas têm qualidade, mas quase sempre são práticas. Essas mulheres trabalham incessante e solidamente, administrando suas casas e seus negócios com a mesma habilidade.

Também podem ser encontradas no papel de executivas com carreira própria, trabalhando firme para atingir suas metas e galgar a escada corporativa. Seu sucesso é sempre merecido, pois estão preparadas para irem além do usual a fim de realizar seus objetivos — e, diferentemente da Rainha de Paus, a Rainha de

Ouros cuida dos detalhes, motivo pelo qual ela acaba indo mais longe.

Num nível diferente, essas mulheres trabalham com finanças: bancos, contabilidade e assim por diante; no entanto, suas características é que a revelam — ela nunca considera seu papel profissional como "apenas um emprego", mas gosta de método, dedicação e rotina.

Essas rainhas costumam ser mulheres de negócios, líderes empresariais ou dedicadas a atividades típicas do elemento terra: corretoras imobiliárias, contabilidade, serviços ligados a alimentos, joalheiras, veterinárias ou em alguma atividade ligada à agricultura ou ao ambiente. Geralmente, esposas de fazendeiros entram nessa categoria.

Do ponto de vista negativo, elas *podem* ser teimosas, gostam das coisas feitas do seu jeito e costumam ser ciumentas. Podem ser condescendentes com seus próprios defeitos e práticas a ponto de parecerem sem graça ou excessivamente materialistas. Por outro lado, em virtude de sua natureza generosa, os outros podem tirar proveito delas.

DÉCIMO QUARTO PASSO

Os Arcanos Menores — Os Reis

Os reis, embora sejam homens, são similares às rainhas em alguns aspectos, mas mostram o lado mais masculino de seu elemento — por isso, embora você possa encontrar semelhanças, também perceberá diferenças sutis.

Rei de Paus

O rei desta carta está concentrado no fogo que arde em seu bastão. Seu trono parece estar no céu, talvez indicando como ele é influenciado por suas várias ideias criativas.

O Rei de Paus costuma ser forte, otimista, enérgico, confiante e de natureza amigável, bom com palavras e para motivar os outros, e ligado a atividades físicas. Gosta de desafios, e por isso costuma ser encontrado em papéis de liderança. Geralmente, são bons maridos, amantes entusiásticos e pais orgulhosos, embora costumem "promover" as pessoas queridas e possam parecer exibidos para os demais.

Geralmente, esses homens são empreendedores, pois estão sempre repletos de ideias criativas e de entusiasmo por seus projetos. No entanto, podem parecer meio ríspidos ou impulsivos ao tomar decisões, pois não têm medo de correr riscos.

Seja qual for o papel em que se encontrem, destacam-se por seu dinamismo, e gostam de ter a sensação de liberdade para poderem se dedicar a seu trabalho sem limitações. Por causa de seu elevado nível de energia, podem ser encontrados em ambientes esportivos. Também podem estar em cargos comerciais, como o de vendedor externo, trabalhando com autonomia, desde que façam o que lhes é pedido — mas sempre num lugar onde possam canalizar sem restrições sua energia aparentemente inesgotável.

Gostam de variedade e se entediam facilmente; por isso, não gostam de detalhes, que são incômodos para eles. Sabem delegar essas tarefas para outras pessoas; raramente são encontrados cuidando pessoalmente dessas coisas. O Rei de Paus encontra sua maior felicidade quando está criando alguma coisa, e tem boa visão.

Do ponto de vista negativo, podem ser rudes, explodem com facilidade, são egoístas, impacientes, controladores, confiantes a ponto de parecerem arrogantes, e podem ter um ego exagerado.

Rei de Copas

O trono deste rei fica sobre a água. Ele parece relaxado e satisfeito, numa pose pensativa e concentrado em sua taça.

O Rei de Copas tem uma natureza afável, autêntica e amigável. Costuma ser aquele homem de quem todos gostam, e raramente tem inimigos. É leal, bondoso e geralmente é voltado para a família. É bom marido, namorado atencioso e adora seus filhos.

No entanto, às vezes pode parecer emocionalmente desligado quando lida com seus pensamentos e emoções íntimas.

Frequentemente, o Rei de Copas tem uma profissão "assistencial": médico, consultor, religioso, professor ou assistente social.

Seja qual for o ambiente em que o encontramos, pode ser reconhecido facilmente por conta de sua atenção e preocupação para com os outros, embora isso costume se manifestar através de sua profissão. Geralmente, esses reis não têm natureza ambiciosa — embora isso não signifique que, no ambiente certo, não atinjam altos cargos — mas não é a ambição que os leva a agir, e sim sua "causa".

De modo análogo, devido ao elemento água que os rege, eles costumam ser encontrados nas artes, bem como na moda, no *design*, como cabeleireiros e assim por diante, pois se sentem mais à vontade com o aspecto feminino do elemento água (emoções e criatividade) do que com os outros elementos.

Contudo, o lado negativo disso é que eles *podem* ter menos ímpeto ou estrutura. Não gostam de conflitos, a ponto de negar os fatos; podem cansar os outros por se afastarem do cenário, podem ser manipuladores por se retraírem, ou ser manhosos, infantis ou passivos-agressivos.

Rei de Espadas

O trono do Rei de Espadas fica em seu elemento, o ar. Sua espada está em destaque e ele parece imerso em pensamentos profundos.

O Rei de Espadas tem um ar frio e desinteressado, o que faz com que seja difícil avaliá-lo — confirmando que as pessoas discretas costumam ser as mais pensativas, o que as torna bastante intrigantes. Geralmente, ele é forte, com um evidente ar de autoridade e uma natureza justa. É um homem racional, com pensamento analítico, que prefere a lógica às emoções e gosta de regras claras e estabelecidas.

Emocionalmente, ele pode enganar — pois embora não costume exibir grandes emoções em público, como parceiro é forte e leal com os entes queridos, levando a sério suas responsabilidades.

Este rei costuma usar uniforme: como policial, como militar, em órgãos governamentais que aplicam a lei, ou como guarda em presídio — na verdade, em qualquer área que lide com lei ou disciplina.

Em posições superiores, esses homens costumam ser bastante loquazes, com mente aguçada e capacidade de pensar depressa e de maneira responsável. Saem-se bem com matemática, campos científicos, trabalhos investigativos ou engenharia.

Em sua presença, tem-se a nítida sensação de que você está sendo avaliado, e ele tende a não discutir sua vida pessoal, restringindo-se ao propósito da reunião. O Rei de Espadas é cuidadoso ao depositar confiança, mas é um excelente amigo que dá bons conselhos... quando solicitado.

Do ponto de vista negativo, pode parecer frio e impessoal, insensível aos sentimentos alheios — e no seu pior, pode ser cruel e inconveniente, com a capacidade de mudar completamente suas emoções.

Rei de Ouros

O trono deste rei assenta-se solidamente no chão, representando o elemento terra. A parte de trás do seu trono é um grande pentáculo dourado. Ele dá a impressão de estar confortável, à vontade consigo mesmo e com sua posição.

Este rei costuma ter sucesso financeiro, e é excelente homem de negócios, confortável consigo mesmo e com sua posição na vida.

Sua personalidade é forte e ele é confiável e firme. Se fica irritado, é por pouco tempo e ele não se mantém aborrecido. Esses homens são excelentes maridos e pais, pois são leais e consideram seu papel como o de bom provedor. Para eles, são importantes a família e a tradição.

O Rei de Ouros não tem medo de trabalhar muito e procura levar as tarefas até sua conclusão. Sua paciência costuma ajudá-lo em suas aquisições; enquanto o Rei de Paus perderia o interesse e se dedicaria a outro negócio, o Rei de Ouros acompanha tudo atentamente, sabendo que, no final, conseguirá o que deseja.

Costuma ser generoso, mas não é tolo com seu dinheiro. Seus bens materiais são cuidadosamente adquiridos e bem administrados; ele não desperdiça, nem compra apressadamente.

Devido ao elemento terra, esses reis costumam ser encontrados em atividades que envolvam empreendimentos imobiliários, como proprietários de terras, financistas, contadores ou corretores de ações. Também são fazendeiros, construtores ou comerciantes — todos pessoas práticas, conscientes do dinheiro, esforçadas, do tipo "sal da terra".

Do lado negativo, *podem* ser extremamente teimosos, diretos a ponto de irritar, excessivamente materialistas ou sovinas.

DÉCIMO QUINTO PASSO

Os Arcanos Maiores

Os Arcanos Maiores são a sabedoria de nossa jornada espiritual e a chave para as lições que aprendemos ao longo da vida, buscando compreender, aprender e obter conhecimentos com nossas experiências, numa tentativa de atingir a totalidade e a harmonia de nossas realidades interior e exterior.

0. O Louco

O Louco é uma espécie de enigma, pois nem tudo é o que aparenta ser nesta carta.

A imagem do Louco que Ciro Marchetti nos apresenta parece retratar um bufão da corte. Com trajes coloridos, ele entretém, dançando e fazendo malabarismos, aparentando completa descontração. No entanto, examinando melhor a carta, vemos uma contradição aparente. Pois com suas mãos ele mantém magistralmente todos os signos do zodíaco no ar; nenhum cai descuidadamente no chão. Nesse momento exato do tempo, toda potencialidade concebível existe, a sabedoria dos céus foi capturada e contida dentro de cada signo e planeta ali representados. Ao mesmo tempo, ele faz girar um bambolê e um bastão em torno de seu tornozelo — talvez brincalhão, mas certamente não parece ser tolo. Há um senso de sabedoria inocente nesta carta.

O número zero da carta representa o momento anterior à criação: potencial inexplorado. É a única carta sem número no baralho. Mas o zero também representa o círculo e o ciclo intermináveis da vida, sem começo ou fim — alfa e ômega.

Interpretação

Quando o Louco aparece numa leitura, isso sugere que oportunidades inesperadas surgirão subitamente, podendo trazer mudanças bem-vindas. Você precisa se manter aberto, pois elas envolverão a necessidade de fazer uma escolha importante, aparentemente a partir do nada.

Há momentos na vida em que precisamos dar um salto de confiança, percorrendo caminhos que nos são desconhecidos, mas crescemos em função de nossas experiências.

O Louco é como a criança que temos em nós e que vê as coisas com inocência, imaginação e encantamento; esse nosso lado perde-se invariavelmente em função do condicionamento social quando amadurecemos. No entanto, o Louco é um lembrete para ouvirmos a voz de nossa criança interior, que se lembra da excitação de novas aventuras e pisa em território desconhecido.

O Louco costuma ser uma carta bem recebida e excitante nas leituras. Tenho percebido que a maioria das pessoas para quem ela aparece sentem-se prontas para as mudanças que ela pode indicar.

O único aspecto realmente negativo desta carta é que as pessoas costumam ter medo de escolher, principalmente porque receiam fazer a escolha "errada". Você precisa perceber o potencial que existe nesta carta. A menos que esteja mal aspectada, o Louco costuma ser um presságio positivo e que não se deve perder de vista!

I. O Mago

O Mago olha diretamente para nós, com olhar concentrado. Diante dele, vemos representados os quatro elementos do Tarô — as ferramentas de seu ofício, suspensas de maneira mágica e misteriosa, o que ele faz com dedicação e concentração da vontade.

Uma luz brilhante emana de um ponto sobre sua cabeça; ele é o elo entre o céu e a terra, trazendo à tona a manifestação da matéria.

Estamos conscientes de que nos achamos na presença de um Mestre, com perícia e habilidade aguçadas.

O número um representa o poder e o potencial criativos — o início.

Interpretação

A mensagem do Mago é informá-lo de que você tem todas as habilidades e talentos necessários para lidar bem com uma tarefa, levando-a a termo com sucesso. Como o Mago, você precisa se aplicar com concentração e força de vontade a fim de obter êxito, mas tem todo o potencial para isso.

É hora de ação e de tomar a iniciativa em quaisquer empreendimentos novos. Você precisa ter a confiança de que está efetivamente rumando na direção certa.

II. A Sacerdotisa

A Sacerdotisa move-se entre dois pilares, simbolizando a dualidade. A Lua crescente atrás dela e as estrelas reluzentes que adornam sua cabeça mostram sua capacidade de acessar conhecimentos superiores em questões esotéricas. Sua face tem uma máscara, representando mistérios e segredos.

Vestida com um véu transparente, ela parece estar em transe. Entregue à dança cósmica, ela não dá atenção à nossa presença ou à nossa opinião. Ela parece segura em seu próprio conhecimento das questões universais.

A Sacerdotisa parece desafiar leis naturais enquanto flutua sobre as águas, que representam o subconsciente e o mundo da psique.

Para ver as coisas como ela, primeiro precisamos adquirir sua grande sabedoria.

As cores desta carta são discretas e em diversos tons de azul, relacionados com a lua e a água, ambas simbolizando o subconsciente, a imaginação e a criatividade.

O número dois representa a dualidade de forças em oposição, um potencial reconhecido, mas ainda não expressado.

Interpretação

A Sacerdotisa representa mistérios e segredos, e assim indica que algum assunto é mais profundo do que você imagina. Com as cartas certas, pode indicar um segredo que você descobre e que o beneficia. Nessa ocasião, você vai precisar seguir sua intuição e confiar em seus instintos.

A Sacerdotisa também traz a mensagem de potenciais ainda inexplorados, ou talvez insatisfeitos; analise novamente a situação, pois você pode ter deixado de lado alguma coisa antes.

A influência desta carta é de natureza feminina, relacionada com a psique, e assim representa a espiritualidade e questões esotéricas, sabedoria e o desejo de conhecimento e de aprendizado. Pode mostrar também um interesse nos aspectos mais profundos e complexos da vida.

III. A Imperatriz

A primeira e mais forte impressão da carta da Imperatriz é o cuidado com que ela segura o símbolo feminino de Vênus em suas mãos e a terna expressão em seu rosto ao contemplá-lo. A Imperatriz é a representação do arquétipo feminino no Tarô, a desejável forma feminina, mas também a mãe acolhedora e amorosa.

Ela está rodeada pelos signos do zodíaco, que, juntamente com o símbolo da mulher, mostram sua capacidade de manifestar a vida pelo processo do nascimento.

As cores de todos os quatro elementos estão representadas aqui. Seus cabelos vermelhos e seu cinto fluido mostram a paixão do fogo, o calor e o acolhimento; seu vestido dourado simboliza o amor e a emoção da água. Contudo, ela está com uma capa verde, representando o elemento terra — o aspecto físico de nossa existência. Ela aparece contra um pano de fundo do céu, simbolizando o elemento ar.

A combinação dos símbolos terrenos e celestes representa a integração de questões espirituais e materiais, o que indica o pleno potencial dos dois, criando, portanto, a terceira energia.

Interpretação

A Imperatriz representa crescimento, prosperidade e fertilidade. Ela traz conclusões felizes às questões e promete boas recompensas pelo trabalho e pelos esforços. A Imperatriz faz com que as situações gerem frutos.

Esta é uma carta de acolhimento, em todas as suas formas, e de realização de potenciais. Isso pode ocorrer em atividades criativas ou de trabalho, mas também com filhos e a família.

A Imperatriz pode representar gravidez, nascimento ou maternidade, relacionamentos sólidos e felizes e casamento. As cartas que a acompanham proporcionam apoio.

Às vezes, ela pode representar uma figura materna, embora, tal como ocorre com todos os Arcanos Maiores, essa carta costume simbolizar qualidades e não uma pessoa específica — considere essa uma tarefa das cartas da Corte.

Esta é uma carta maravilhosamente positiva, sempre bem recebida por aqueles que procuram conselhos nos relacionamentos ou nas questões ligadas à fertilidade.

IV. O Imperador

Assim como a Imperatriz representa a mulher arquetípica, o Imperador representa sua contrapartida masculina.

Como convém a seu título, vemos à nossa frente um personagem de aspecto nobre. Sua cabeça está coroada com folhas de louro, representando triunfo e sucesso. Ele está adequadamente trajado em mantos ricos e opulentos, cobertos de símbolos do sol: um indicador masculino, até no fecho que prende seu manto vermelho — representando o fogo, também um elemento masculino. Até as pedras preciosas que ele usa são rubis, mais uma representação do sol. Seu manto e seus adornos simbolizam o status de sua posição e de seu sucesso material.

Atrás dele, vemos os signos do zodíaco, mas dessa vez eles progrediram para as representações mais terrenas pelas quais são conhecidos. Seu cetro, encimado aparentemente pelo Sistema Solar, aponta para a terra e para o céu. A mão que segura o alto do cetro revela seu indicador apontando para o céu, a fim de receber sabedoria, e sua outra mão mostra seu indicador apontando para a terra, onde ele usa esse poder; isso também mostra a necessidade de pensamento racional, utilizado para governar seus súditos.

Com tantos símbolos masculinos, tudo aqui sugere um homem poderoso e dinâmico no controle da situação.

O número quatro representa estabilidade, lógica e razão.

Interpretação

Quando o Imperador aparece numa leitura, é um sinal de estabilidade financeira, ambição, autoridade e realização. Você precisa manter a cabeça tranquila nessa época, tomar decisões com base em fatos e não se deixar influenciar demais por suas emoções.

Esta é uma carta poderosa e um maravilhoso sinal para questões ligadas a negócios e à carreira, pois mostra grande progresso. Bem colocada, esta carta sugere que você está numa posição poderosa para a concretização de suas metas.

Nos relacionamentos, ela também pode nos lembrar de olhar a situação de forma mais racional, para não nos tornarmos excessivamente emotivos quanto aos problemas — para olhar para as coisas com a mente limpa a fim de obter resultados positivos e estabilidade financeira para a família.

Também pode representar uma poderosa influência masculina.

V. O Hierofante

O Hierofante está trajado em roupas religiosas; seus braços estão abertos, mostrando sua disposição para revelar seu conhecimento.

Há um belo vitral entre a lua, símbolo da meditação celeste, e o Hierofante, representando o filtro pelo qual ele recebe sua informação. Uma das mãos está erguida para o céu e a outra está com a palma voltada para a terra, representando o espírito e a matéria, com o Hierofante servindo de ponte entre os dois.

Enquanto o Imperador se liga a questões materiais e mundanas, o Hierofante representa o aspecto espiritual.

Interpretação

O Hierofante pode indicar ajuda de uma pessoa sábia e de confiança, como um mentor, professor ou figura religiosa, geralmente alguém respeitado na comunidade local, mas certamente alguém que o cliente tem em alta estima e confiança.

Esta carta costuma se referir a grandes instituições, como hospitais, estabelecimentos de ensino, escritórios do governo, igrejas ou grandes organizações. Ela também sugere conformismo e apego à convenção, a formas estabelecidas de trabalho ou de pensamento, dificultando a implementação de mudanças.

Pode representar a adesão a valores tradicionais e à ética moral, ou a necessidade de encontrar um sentido mais profundo para a vida por meio da exploração de questões espirituais.

VI. Os Enamorados

Os Enamorados aparecem como uma visão idealizada do romance sublime. Formas masculina e feminina perfeitas estão cercadas pela água, simbolizando o mundo de nossas emoções. O potencial de sua natureza sexual e de seu estado sublime como seres unidos está evidente e claro para quem quiser ver. Desde o céu, são tocados por uma aura dourada de amor que os cerca.

As cores desta carta combinam índigo e malva, indicando o ambiente espiritual, e cores ígneas e apaixonadas, como vermelho, laranja e dourado.

Interpretação

A imagem desta carta retrata bem mais do que meras palavras poderiam dizer. Em termos simples, representa o amor e os relacionamentos humanos. Temos aqui a harmonia das polaridades combinadas, masculina e feminina, a união perfeita expressada através do amor.

Para mim, a arte desta carta retrata os Enamorados na realidade que nossa condição humana deseja naturalmente. Nas versões mais antigas desta carta, os Enamorados costumavam mostrar três pessoas e indicavam escolhas, com uma possível referência à tentação de um terceiro elemento — e talvez por esse motivo ela tenha sido uma área de interpretações errôneas.

Contudo, no que se refere a escolhas, a área dos relacionamentos amorosos é um dos maiores cenários para nossas experiências de crescimento pessoal e de desafios, em nossa tentativa de harmonizar o eu e o outro. Assim sendo, nossos relacionamentos sempre representam escolhas; pode ser a escolha de nos envolvermos em um novo romance, a escolha de nos comprometermos com alguém num relacionamento já existente, como o casamento, ou num relacionamento sólido, fazendo escolhas que irão afetar os dois parceiros.

A carta dos Enamorados é positiva, a menos que esteja mal aspectada, e as cartas ao seu redor vão esclarecer a situação com que nos defrontamos.

VII. O Carro

Uma mulher anda numa carruagem tendo à frente duas esfinges de cores opostas, simbolizando forças contrárias. Ela traja roupas opulentas e um grande símbolo do sol, um poderoso presságio que paira sobre ela.

Contudo, não vemos movimento — o Carro, em seu estado atual, não está indo a lugar nenhum! Onde estão as rédeas para governar este veículo? A mulher parece preocupada, olhando para o lado em vez de se concentrar na estrada à sua frente.

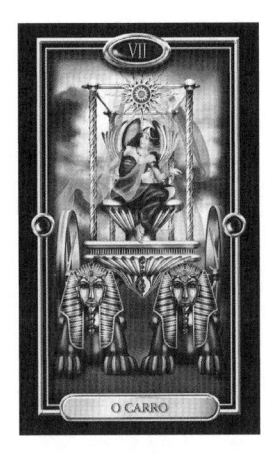

Esta carta mostra muito potencial, mas o resultado final depende do esforço despendido para torná-lo real.

Interpretação

O Carro é uma carta de triunfo, embora não sem esforço. Ela o informa que será necessário ter autodisciplina, mas se você conseguir dominá-la, a vitória poderá ser conseguida. Significa as qualidades necessárias para ter sucesso sobre quaisquer obstáculos que estiverem à frente. A palavra-chave é autodisciplina, juntamente com foco e perseverança.

Esta carta tende a mostrar um conflito interior (e não exterior) que precisa ser controlado para se poder ter sucesso. Portanto, é necessário ter foco sobre um caminho; energias dispersas não permitirão que se atinja a meta.

O Carro também pode indicar viagem.

VIII. A Força

Uma bela jovem, com a cabeça adornada por joias, tem uma expressão de graça e firmeza ao caminhar. Ela representa a expressão pura de nossas qualidades femininas.

O leão é considerado o rei da selva e um poderoso símbolo de energia masculina, mas a doce jovem parece tê-lo domado. Ele caminha ao lado dela, preso apenas por uma corrente frouxa ao redor de seu pescoço, que ela segura levemente. Ao que parece, ela subjugou o leão, não com força bruta, mas com gentileza.

O leão é uma expressão de nossa força interior, mas controlado e manifestado com as qualidades mais gentis e femininas de nossa natureza.

Interpretação

Qualidades femininas como paciência e diplomacia (em oposição à agressividade), combinadas com a coragem, trarão os resultados requeridos e o sucesso.

A carta da Força revela que você tem uma reserva de força interior que lhe proporciona mais poder do que imagina. Esse poder pode ser expressado através de discreta determinação.

Esta carta também simboliza os encantos femininos aos quais os homens sucumbem, por isso é particularmente forte numa leitura para uma mulher na qual se fala de relacionamentos.

IX. O Eremita

O Eremita está num caminho solitário. Trajado com um manto simples e comum, ele carrega apenas seu cajado para apoiá-lo e uma lanterna que ilumina seu caminho.

Ele aparece como um idoso com cabelos e barbas brancas, representando a sabedoria de seus anos. Sua expressão é de paz; ele está à vontade com a solidão e em sua busca pelo conhecimento interior.

Interpretação

O Eremita significa pensamento e contemplação cuidadosos, afastados do mundo exterior para se refletir e encontrar a sabedoria interior.

Esta carta indica que você tem em seu interior todas as respostas de que precisa, mas talvez necessite de certa introspecção para ter acesso a elas.

X. A Roda da Fortuna

A Roda da Fortuna está diante de um pano de fundo com o céu e os planetas; em sua face, aparecem os signos do zodíaco.

Não aparece aqui nenhum elemento humano para influenciar o movimento da Roda, por isso permitimo-nos imaginar que o destino está em ação.

O movimento da Roda depende do mecanismo que a aciona, e o lugar onde ela para é questão de sorte.

A Roda representa os ciclos da vida, mostrando a natureza transiente das mudanças.

Interpretação

A Roda da Fortuna também é conhecida como carta de "destino". Produz uma mudança positiva na sorte, a menos que esteja mal aspectada, e pode indicar o começo de um novo ciclo, quando o progresso pode ser atingido.

É importante extrair o máximo desse momento afortunado — pois, como tudo, a mudança está sempre dobrando a esquina.

XI. A Justiça

A mulher que representa a Justiça está em pé entre duas colunas, significando a necessidade de equilibrar a dualidade. Ela está de branco, simbolizando a pureza de seus propósitos, e está vendada, significando sua imparcialidade. Diante dela está a balança da justiça, cuidadosamente equilibrada.

Ela estende as mãos para o céu e elas são iluminadas por uma luz que se projeta para o símbolo do sol (energia masculina) que está na base da balança. A balança é um símbolo feminino (o signo astrológico de Libra), mostrando a necessidade de equilíbrio.

A mulher está entre um conjunto de degraus de pedra, talvez representando nosso caminho trilhado até agora; este é o momento de tomar decisões equilibradas, que afetarão o lugar para onde nosso caminho nos levará no futuro.

Os símbolos desta carta, como um todo, mostram a essência da dualidade entre as duas energias representadas, a masculina e a feminina (yin--yang) e a necessidade de manter todas as coisas em equilíbrio — esta é a natureza do universo.

Interpretação

A Justiça é uma carta de equilíbrio, embora este seja mais do tipo racional, lógico, usando a mente intelectual e não o eu emocional. Será necessária uma mente equilibrada para se tomar decisões equilibradas, justas e razoáveis para todos os envolvidos.

Pode representar a decisão de uma questão jurídica concedida a favor do lado certo. Implica documentos legais, inclusive acordos matrimoniais. Geralmente, a Justiça traz um resultado benéfico, a menos que as outras cartas indiquem o contrário.

XII. O Enforcado

Um homem está suspenso por uma perna, e a outra forma um ângulo com o joelho, numa espécie de triângulo. Sua expressão é de calma e paz; ele não demonstra sofrimento ou angústia. Podemos ver que esse homem se libertaria facilmente das correntes que o prendem pelo tornozelo, caso desejasse, e por isso sua posição parece ser fruto de escolha.

Esta carta costuma ser comparada à história do deus Odin, que se pendurou na Árvore da Vida por nove dias e que, como resultado, atingiu a iluminação. Em muitas culturas diferentes (inclusive nas culturas nativas norte-americanas e nas religiões orientais), era comum que as pessoas se pusessem voluntariamente em situações difíceis, jejuando ou sofrendo algum tipo de privação física, a fim de atingir uma percepção espiritual mais profunda e a iluminação.

Interpretação

A vida pode dar a impressão de estar num período de suspensão, mas este oferece a oportunidade de abordar as questões sob uma perspectiva diferente e nova, que trará uma solução possível graças a um entendimento maior.

Esta carta pode indicar autossacrifício — às vezes, precisamos abrir mão de alguma coisa no curto prazo para obter algo considerado mais benéfico no longo prazo. Pode representar uma gratificação adiada, que também é uma forma de autossacrifício.

A carta do Enforcado, apesar de sua aparência, não deve ser temida; lembre-se, a figura está numa posição voluntária.

XIII. A Morte

A Morte representa apenas uma parte do ciclo da vida, e a imagem é simbólica — não literal! Como a imagem e o título desta carta costumam ser mal compreendidos e por isso temidos, é importante enfatizar isso desde o princípio.

Um esqueleto usando armadura negra nos confronta em meio a flâmulas esvoaçantes de cor púrpura, uma cor espiritual. A bandeira negra diante da Morte exibe uma rosa branca, símbolo da pureza; seu escudo porta um cavalo branco, que costuma estar associado com a força e a liberdade do espírito.

Interpretação

A carta da Morte anuncia o fim de uma fase da vida, abrindo o caminho para uma nova etapa. Representa mudanças e transformações importantes.

Para nos beneficiarmos da mudança, precisamos nos manter abertos para ela e reconhecer que, através de cada experiência da vida, recebemos a oportunidade de crescer e de aprender bastante, em algum nível.

A carta da Morte pode nos libertar de coisas que não são mais úteis em nossa vida, embora ainda nos apeguemos a elas, só porque receamos a mudança. Ao fazer isso, negamo-nos novas oportunidades que nos aguardam.

É preciso ter sempre cuidado ao interpretar esta carta, pois sua imagem pode ser muito assustadora. Porém, quando explicada corretamente, os clientes costumam recebê-la bem, pois podem estar aguardando impacientemente por mudanças importantes. As cartas próximas vão esclarecer a situação.

XIV. A Temperança

Uma figura celestial, envolvida por estrelas, despeja cuidadosamente água de uma taça dourada de fogo para uma taça prateada de água. Temos aqui a integração dos opostos: a prata representando o subconsciente e o ouro, o consciente — fogo e água também são elementos opostos. Ela mostra o fluxo e o equilíbrio constantes e necessários para se obter a harmonia.

Às vezes chamada de Alquimista, esta carta mostra os opostos sendo mesclados com sucesso.

Interpretação

A Temperança representa a moderação, ter paciência, a capacidade de encontrar um meio-termo para se obter soluções satisfatórias, diplomacia e cooperação, além de emoções equilibradas. É uma carta de forças opostas que se integram com sucesso.

Com harmonia e compatibilidade, sugere a união perfeita. Também pode representar um ambiente receptivo para que a reconciliação tenha lugar.

Enquanto a Justiça representa o pensamento equilibrado, a Temperança significa emoções equilibradas.

Sempre uma carta terna e gentil quando aparece nas leituras, a Temperança e seu anjo costumam provocar curas.

XV. O Diabo

O Diabo é uma carta interessante, com conotações diferentes e, como a maioria das cartas, pode ter interpretações positivas e negativas.

Uma forma masculina envolvida em chamas usa uma máscara com chifres (outro símbolo masculino). A máscara representa mistério e segredo, mas também pode significar a cegueira. Os pentáculos atrás dele e na máscara representam o elemento terreno de nossa existência física.

Interpretação

A presença do Diabo costuma se dar quando uma situação o arrasta para baixo e você se sente incapaz de mudar isso. Pode mostrar uma forma de "escravidão", seja a um ideal, seja a um vício, seja a um relacionamento manipulador ou controlador.

O excesso de indulgência tende a resultar em perturbação, cobiça ou luxúria que podem se tornar autodestrutivas — gastos excessivos são um exemplo típico. Contudo, a mensagem importante é que é uma *auto*escravização: controlando esse comportamento, libertamo-nos dele e ficamos livres para sair.

Ela também pode ter um aspecto de sigilo, como a elaboração de planos secretos, ou por você mesmo, ou por pessoas à sua volta. As cartas vizinhas indicam qual das alternativas.

Não nos esqueçamos de que antes de ser simbolizado como figura maligna pela religião, o Diabo era identificado com Pã, a divindade pagã.

Pã representa a energia primitiva masculina em seu nível mais desinibido — instintos naturais de procriação, sexuais e indomáveis, que representam a própria natureza da vida. Portanto, esta carta pode mostrar uma vida sexual saudável (ou que está melhorando), com fortes impulsos, ânsia pela vida e assim por diante. Levada a extremos, porém, esse comportamento pode se tornar obsessivo ou viciante.

Pode indicar um relacionamento passional ou compulsivo, com forte atração física — embora não seja necessariamente saudável. As cartas próximas darão mais detalhes.

XVI. A Torre

Uma torre, grande e robusta, é atingida por um relâmpago, com chamas saindo da estrutura. Um homem mergulha de cabeça no desconhecido. Sua nudez pode indicar que tudo que ele leva consigo é seu conhecimento; nesse instante, os bens materiais não têm muito uso.

A Torre representa crenças e filosofias "feitas pelo homem", geralmente falsas, e o relâmpago no céu é o momento da iluminação, quando se veem as coisas tal como elas realmente são. "A verdade o libertará."

Interpretação

Uma casa construída sem bases sólidas acaba desmoronando, mais cedo ou mais tarde. A Torre representa tais situações, pois tudo que foi erguido sobre ilusão ou falsas crenças está chegando ao fim. Do lado positivo, significa termos a capacidade de enxergar a verdade sobre uma questão, construindo algo novo para o futuro — e, dessa vez, com bases sólidas.

Esta carta nunca é fácil numa leitura, pois mostra um final súbito ou inesperado que *pode* trazer uma sensação de catástrofe ou de caos. Isso pode dizer respeito a situações que se acreditavam permanentes, e em qualquer área da vida.

Nem sempre esta carta é totalmente inesperada; às vezes, quando a Torre é tirada, já há certa expectativa de alguma coisa dessa natureza — mas as pessoas costumam tentar se manter cegas para essa possibilidade, com uma postura de negação. Nem sempre é o caso, pois a Torre tende a indicar algo que desmorona e que falsamente se acreditava como verdadeiro — por isso, trate esta carta com cuidado.

É útil perceber como a Torre se ajusta à sua vida (e as outras cartas da leitura podem ajudá-lo a ver isso), que preparativos você pode fazer prontamente e como você melhora as coisas depois. Sempre é possível fazer algo positivo.

XVII. A Estrela

Uma estrela brilhante ilumina uma jovem que despeja água de dois jarros. Os jarros são de ouro, representando a consciência, enquanto a água representa o subconsciente. A mulher traz renovação, pois a água gera vida. Ela traz harmonia e equilíbrio, tanto para o plano físico como para o plano emocional.

Ela está sentada na lagoa, cujas águas representam as emoções, mas podemos ver, pela estrela em sua testa, que seus pensamentos estão iluminados. Sua nudez representa a verdade.

Tradicionalmente, as estrelas são um bom presságio, representando esperança, paz e fé. No céu noturno, as estrelas podem ser usadas para nos orientarmos, e por isso elas são vistas como um guia útil em nosso caminho através da vida.

Interpretação

A Estrela é a carta da esperança; ela transmite uma sensação de otimismo e nos diz para termos fé, seguros por saber que há dias melhores à nossa frente.

A Estrela pode indicar a cura depois de uma doença. Seu belo aspecto indica que ela é *sempre* uma visão bem recebida, qualquer que seja a situação. Ela dá fé e nos diz para crermos em nós mesmos. Nossos planos são promissores; o sucesso pode ser atingido sob a luz da Estrela.

Nos relacionamentos, ela pode mostrar a solução de discussões, condições harmoniosas de vida e esperança para o futuro. Um novo relacionamento aspectado por esta carta tende a mostrar harmonia compartilhada e um bom futuro.

Para aqueles que foram feridos no amor, a Estrela proporciona a confiança para deixar para trás o passado e tornar a encontrar o amor, sabendo que o destino trará coisas melhores.

XVIII. A Lua

A lua ilumina suavemente a cena abaixo dela. Cães uivam para ela e um lagostim ergue-se da água, representando o mundo subconsciente. Há um senso de mistério na cena.

Há muito que se conhecem os efeitos que a lua exerce sobre todas as formas de vida. Sua atração gravitacional sobre a Terra controla as marés; peixes desovam na época da Lua cheia. Como nossos corpos contêm uma grande percentagem de água, também sentimos o mesmo tipo de atração magnética que a lua exerce sobre a Terra.

Os níveis de crimes e de partos aumentam na época da Lua cheia, com as emoções e as flutuações de humor acima do normal. Por isso, muito pode ser dito sobre a "loucura da lua".

Interpretação

A Lua representa situações ilusórias, possíveis decepções e sensação de incerteza. As emoções estão muito carregadas e variáveis, como um pêndulo que vai de um lado para o outro.

Devido às associações místicas da Lua, esta carta também pode indicar que nossos sonhos tornam-se mais claros quando nosso subconsciente se revela para nós. Aumentam a intuição e os instintos básicos.

Quando esta carta está presente, ela também avisa que é importante não tirar conclusões precipitadas, pois a luz da lua pode criar ilusões e as formas nas sombras não são o que aparentam.

Geralmente, há mais coisas numa situação do que se vê, e seria prudente manter-se atento, mas sem agir apressadamente, dando tempo para que a situação se revele com mais clareza.

XIX. O Sol

O sol é mostrado como o corpo central do esquema cósmico. A jornada dos planetas ao atravessar o cosmos, com tudo em seu devido lugar, está mapeada com relação aos signos do zodíaco.

O sol é uma energia masculina e ativa da mente consciente e do plano físico. Ele nos proporciona calor, energia e luz do dia. A luz do sol ilumina tudo com clareza e a vida responde ao seu calor.

Interpretação

O Sol é uma das cartas mais positivas do Tarô, pois traz felicidade, sucesso e triunfos, excelentes relacionamentos, casamento feliz, contentamento, prosperidade e boa saúde.

O Sol tende a brilhar favoravelmente sobre qualquer situação. Quando esta carta está presente, é importante aproveitar ao máximo seus aspectos favoráveis.

XX. O Julgamento

Um mensageiro alado no céu anuncia a libertação com uma trombeta reluzente e traz a ressurreição aos homens e mulheres que se erguem em sua direção.

A carta significa o Dia do Juízo Final e representa o karma.

Interpretação

A carta do Julgamento é conhecida como a carta kármica: "Você colhe o que planta". O resultado das sementes plantadas antes e os esforços do passado estão sendo recompensados.

Como carta que representa a ressurreição, ela indica renovação e reanimação, assuntos adormecidos que ganham vida. Com a carta do Julgamento, é possível um novo início, mas é importante preparar-se antes de seguir em frente de maneira positiva.

Há uma sensação geral de rejuvenescimento, e assuntos ligados à saúde mostram melhorias.

Esta carta representa uma época de ser feliz, com novos inícios à frente.

XXI. O Mundo

Uma dançarina vestida de púrpura (a cor da espiritualidade e da sabedoria) está em pé, numa pose confiante. Em cada mão ela segura um bastão branco, representando a polarização e a unidade da dualidade, algo que foi um tema ao longo de todos os Arcanos Maiores. Isso representa a síntese final da combinação e da harmonização de dois opostos num só.

Ela está diante de uma luz dourada, cercada por uma coroa de louros, representando a vitória e o triunfo, contra um pano de fundo que contém o mundo, a luz e as estrelas, representando nosso universo em seu estado de perfeição.

A imagem representa a união perfeita de todas as coisas, a unidade com o universo, a autorrealização, a harmonização de todos os estados — interior e exterior, o eu e a natureza — e o retorno ao estado divino original do qual viemos e ao qual agora voltamos, nosso lugar justo no cosmos. É o estado perfeito ao qual aspiram todos os buscadores da iluminação de todas as religiões.

Interpretação

Tendo aprendido as lições apresentadas por todas as cartas anteriores dos Arcanos Maiores, finalmente chegamos ao Mundo.

O Mundo traz a certeza do sucesso, da vitória e do triunfo. Esta carta não indica o sucesso da noite para o dia, mas a realização de uma meta que foi firmemente almejada; as recompensas são merecidas e você vai se deliciar com suas realizações.

Sucesso, realização, confiança, felicidade, senso de completude e satisfação são indicados por esta carta.

Com cartas de apoio, o Mundo também pode representar viagens ou uma nova casa que trará felicidade.

Preparação para Leituras

Parte Três

DÉCIMO SEXTO PASSO

Preparando-se para ler

Agora, você já deve ter preenchido seu diário de Tarô para cada carta, incluindo experiências anteriores ou atuais advindas de sua própria vida ou de terceiros, que você pode relacionar com quaisquer cartas.

Antes de começar a fazer leituras, será preciso embaralhar as cartas o máximo que puder, como preparação. Eu também recomendo que você durma mais uma vez com as cartas sob o travesseiro. Agora, a intenção é fazer algumas tiragens para você mesmo, registrando-as, para que possa conferir a precisão de suas leituras antes de começar a fazê-las para outras pessoas.

Nas explicações a seguir, você encontrará referências a leituras para outras pessoas e diversos parâmetros para fazê-las, pois em algum ponto você estará apto para isso.

Leitura para si mesmo

O mais importante nessas leituras para si mesmo é que você precisa ser objetivo. Um dos maiores erros que as pessoas cometem nas próprias leituras é tirar repetidas vezes as cartas, tentando obter as respostas que desejam. Ou então, não gostam do jeito das cartas e tiram-nas novamente. Assim, você nunca terá leituras precisas.

É importante seguir os mesmos procedimentos que você seguiria caso fosse o cliente, com o mesmo cuidado na preparação. Afinal, se você procurasse um tarólogo profissional, ele não tiraria para você as cartas repetidas vezes para cobrir a mesma questão.

Preparação

Assegure-se de que não será incomodado e dê a si mesmo tempo suficiente para fazer a leitura de forma adequada. Você precisa de silêncio para poder ter foco, e não quer ser interrompido constantemente pelo telefone, por pessoas entrando e saindo e assim por diante, pois isso tira a sua concentração.

Ponha o pano sobre a mesa à sua frente e repita o processo de proteção explicado anteriormente, antes de embaralhar as cartas. Reserve alguns instantes para relaxar e pense na pergunta para a qual você mais gostaria de obter orientações nesse momento.

Perguntando ao Tarô

Para ajudar o seu foco, formule sua pergunta por escrito e depois repita-a em voz alta — para fazer a pergunta com clareza e sem uma centena de outros pensamentos a interromper seu procedimento. Depois de ter formulado a pergunta, deixe-a de lado, com a certeza de que foi ouvida. Existe algo como "se esforçar ao máximo" e por isso deixe sua mente relaxar quanto puder, sem ficar focalizando no que você acredita ou espera que as cartas irão dizer.

É importante formular sua pergunta com a maior clareza possível, pois isso irá ajudá-lo a obter uma resposta igualmente clara. Faça com que seja apenas uma pergunta e não uma frase com muitas questões, para não ficar confuso com a resposta.

Algumas pessoas recomendam que você não deve fazer perguntas do tipo "sim-não", mas acho — desde que você perceba que o Tarô não responde dessa maneira — que não há problema algum nisso. Você pode, por exemplo, perguntar se sua situação financeira vai melhorar; como vimos, é claro que não existe uma carta que responda *sim* ou *não*. No entanto, as respostas recebidas darão uma indicação clara daquilo que você pode esperar. Esta é uma área com a qual as pessoas se preocupam desnecessariamente; uma pergunta é uma pergunta e o Tarô vai responder. Basta não ser ambíguo na maneira de formulá-la.

Eis alguns exemplos de construção de perguntas:

"O que vai acontecer se eu...?"

"Por favor, aconselhe-me sobre as atuais perspectivas na minha carreira quanto a..."

"O que vai acontecer caso eu continue a...?"

"Qual o potencial futuro da...?"

"Terei sucesso caso...?"

"Qual será o resultado de...?"

"Como meu relacionamento irá progredir se eu...?"
"Qual o provável desfecho do...?"

Por favor, não faça a pergunta repetidas vezes para as cartas; você precisa de tempo para analisar a resposta e para que os eventos aconteçam. Se fizer a mesma pergunta três vezes na mesma noite, ou a mesma pergunta todas as noites, como você vai poder avaliar as respostas e a precisão das cartas?

Se você não tem uma pergunta específica, pode sempre perguntar às cartas: "De que preciso me conscientizar mais neste momento? Por favor, dê-me sua orientação e sabedoria". A menos que você tenha a necessidade premente de uma resposta sobre uma área específica, esta é sempre uma pergunta excelente. Quando faço leituras para mim mesma, vejo que ela é sempre um ótimo ponto de partida.

Embaralhando e cortando

Por favor, não embaralhe o Tarô a cem quilômetros por hora, ou de forma agitada; essa agitação será transmitida para suas cartas. Embaralhe-as com calma e faça sua pergunta com a maior clareza possível. Neste momento, você não precisa focalizar a situação sobre a qual deseja fazer uma pergunta — na verdade, é melhor que não o faça. Isso pode parecer contraditório, pois muitos autores sugerem que você se concentre na pergunta; no entanto, isso permite que a mente saia de seu próprio caminho. Pelo que percebi, depois que as cartas são consultadas, elas não precisam ser lembradas da tarefa que têm pela frente! É bem melhor quando o querente está relaxado em vez de concentrado intensamente na pergunta. Dê-se um tempo, pois é importante criar o vínculo e para que a resposta seja formulada. Vai chegar um momento em que as cartas vão parecer "certas", e nesse momento você para.

Como já disse, por favor, não use nenhum método "especial" para embaralhar as cartas; basta embaralhá-las, umas sobre as outras, de maneira normal, usando as duas mãos.

Alguns tarólogos não gostam que outras pessoas toquem em suas cartas, e só deixam o cliente escolhê-las apontando num leque aberto, depois de eles próprios terem embaralhado o maço. No entanto, creio que é importante deixar a energia do cliente misturar-se com as cartas (quando o cliente está presente). Sempre digo às pessoas para darem tempo ao tempo, não se preocuparem se as cartas parecerem estranhas, e para embaralhá-las bem.

Preste sempre atenção em cartas que parecem "saltar" do maço no processo de embaralhamento — elas podem ser muito informativas, como se pedissem para ser vistas e ouvidas.

Pegue o maço de cartas com a face para baixo e segure-as pouco acima da superfície da mesa. Permita que deslizem entre seus dedos, formando três pilhas para a esquerda, como segue:

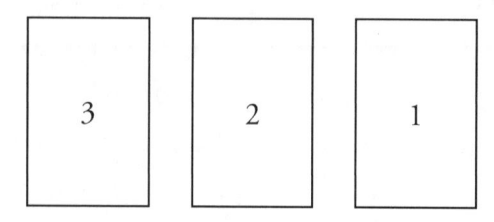

| 3 | 2 | 1 |

Assim, a pilha número um terá saído da parte inferior do maço; a pilha número dois ficará à esquerda da número um; e a última parte do maço em suas mãos ficará novamente à esquerda, formando a número três.

Reúna as cartas num único maço começando pela pilha número um, depois a segunda por baixo e finalmente a terceira, de modo que as cartas da pilha número um estejam por cima.

Agora, as cartas estão prontas para serem tiradas.

Neste ponto, talvez seja importante comentar que você deve manter o baralho usado para suas próprias leituras separado das cartas que você usa para outras pessoas. Por isso, vale a pena adquirir um segundo baralho assim que começar a fazer leituras para terceiros.

Assegure-se de "limpar" bem o baralho entre uma leitura e outra para pessoas diferentes, a fim de remover a energia anterior. Corte o baralho da maneira habitual, embaralhe bem as cartas e depois repita o processo novamente, finalizando com um último corte. Ao fazê-lo, sinto que isso sublinha o fato de que a leitura para aquele cliente específico terminou, misturando completamente as cartas. Além disso, gosto de verbalizar o processo na minha mente, agradecendo às cartas por sua orientação e pedindo-lhes que se limpem da energia do cliente anterior.

Usando um significador

Um significador é uma carta do Tarô escolhida para representar o cliente; essa carta é tirada do baralho e posta na mesa antes da leitura.

Não uso esse formato. Creio que é mais informativo observar se uma carta representando o cliente aparece na leitura, o que pode proporcionar informações valiosas. Tampouco uso uma carta para representar outra pessoa que o cliente conhece, com vistas a fazer uma leitura para essa pessoa. Acho que não é ético fazer isso sem o consentimento da pessoa; é como invadir a privacidade dela e é discutível se a informação obtida dessa forma pode ser considerada precisa.

No entanto, se uma carta da Corte aparece na leitura do cliente e sinto necessidade de mais informações, digamos, sobre como ou por que essa pessoa terá influência no futuro do cliente, então tiro a carta da leitura e uso-a para fazer uma continuação, geralmente com a Tiragem da Cruz Celta. Nesse caso, o cliente faria especificamente uma pergunta relevante sobre essa pessoa em sua leitura. Essa carta estaria na primeira posição, com a disposição colocada no alto. Assim, a primeira carta tirada mostraria o que cobre a situação com essa pessoa, o que cruza a situação e assim por diante. Desse modo, isso pode ser bem útil.

Se o cliente tiver uma pergunta específica que envolve outras pessoas, você pode ajudá-lo a identificar quais cartas da Corte representam essas pessoas antes de fazer a leitura, para que não haja confusão quando as cartas aparecerem. Mas isso costuma ser mais útil quando há diversas pessoas envolvidas na situação, não apenas uma. Mesmo assim, percebi que quando uma carta da Corte surge numa leitura, o cliente normalmente identifica a pessoa bem depressa, usando as interpretações normais.

É importante lembrar que sempre se deve usar as cartas da Corte como significador, nunca uma carta dos Arcanos Maiores.

Registrando as leituras em seu diário

Quando começar a realizar leituras para si mesmo e a fazer perguntas, você deve registrar essas perguntas em seu diário. Por motivos de privacidade, por favor, assegure-se de que as únicas leituras registradas em seu diário são as suas próprias.

O formato que uso é bem objetivo e razoavelmente rápido depois que você se acostuma com ele. O papel pautado será útil aqui como guia no momento de desenhar as caixinhas, representando as cartas tiradas. Uso desenhos para os elementos, como a letra I para paus, uma taça para copas, um pentáculo para ouros e uma cruz para espadas — nada muito artístico, apenas uma codificação que eu entendo. Percebi que é bem melhor desenhar a tiragem do que fazer listas numeradas. Mais uma vez, você perceberá que, depois de se familiarizar com as cartas, as imagens se apresentam imediatamente nos olhos da mente, e por isso, desenhar a tiragem é realmente como olhar para ela.

Embaixo da tiragem ou na página seguinte, se preferir, interprete as cartas nas posições desenhadas e termine com um resumo daquela que você imagina ser a resposta ou a orientação dada. Pode parecer muito longo, mas garanto que se você não anotar nada, duas ou três tiragens (ou dias) depois, a leitura parecerá bem nebulosa.

Se registrar suas leituras e revê-las, você deve encontrar bem mais profundidade do que quando as realizou pela primeira vez. Por isso, esse método não só é extremamente bom para reforçar seu aprendizado, como também o disciplina para que você não fique muito dispersivo com relação àquilo que vê.

É bem interessante rever seu diário, as perguntas apresentadas e como as coisas se desenrolaram depois. Revisar e fazer anotações sobre elas abaixo da leitura original é o principal elemento para aperfeiçoar a sua experiência.

Exemplo de registro num diário de Tarô

Data e hora:
Pergunta:

	2 I	
K *	Ás +	XVII Estrela
	Q I	

(1) Presente — Rainha de Paus (em seguida, sua interpretação para essa carta nessa posição)
(2) Desejos — Ás de Espadas (idem, como acima)
(3) Perguntas úteis — A Estrela
(4) Desafios — Rei de Ouros
(5) Resultado — Dois de Paus

Faça um resumo de sua interpretação.

(Além disso, deixe espaço para voltar depois, registrando o que aconteceu.)

Reserve algum tempo para, mais tarde, voltar e estudar a leitura, registrando também a data das anotações, pois isso lhe dá uma ideia geral do tempo que os eventos levaram para se materializar. Sua experiência pessoal vai fornecer a chave e você verá que isso o ajudará a ser preciso quando estiver orientando as pessoas.

Antes de começar, alguns conselhos úteis

- Depois de tirar as cartas, pare por um instante antes de tentar interpretá-las apressadamente. Não se afobe. Respire fundo.
- Qual a sua primeira reação diante das cartas?
- Quais os elementos presentes? Há mais de um naipe? Uma predominância de cartas da Corte, de Arcanos Maiores ou Menores?
- Anote tudo isso antes.

Se há o predomínio de um naipe, então o elemento desse naipe lhe diz alguma coisa na mesma hora. De modo análogo, se há várias cartas da Corte, você percebe que há diversas pessoas envolvidas. Pode parecer um excesso de detalhes quando tudo que você deseja é uma resposta! Mas isso vai prepará-lo bem para tiragens maiores no futuro, permitindo que seu subconsciente filtre as informações enquanto você mantém ativos seus pensamentos conscientes.

Agora, saia dessa situação e pergunte a si mesmo com sinceridade: "O que eu diria para outra pessoa se esta fosse sua leitura?" Então, verbalize a resposta, como se você estivesse diante dessa pessoa. Falar em voz alta detém o amontoado de pensamentos que povoam sua mente e focaliza sua atenção — isso ajuda. Além disso, se você sente que ficou "em branco", a mera verbalização da imagem da carta vai fazer com que seus pensamentos comecem a fluir, e você perceberá que o resto vem em seguida. Experimente!

No seu diário:
- registre a data e o horário da leitura;
- registre a pergunta feita;
- registre a forma de tiragem;
- faça um registro das cartas usando o gabarito apropriado apresentado no final deste livro;
- anote a interpretação das cartas em cada posição;
- e, finalmente, resuma o que você acha que a leitura indicou.

Se quiser, volte aos significados, mas ao avançar na sua prática, tente não confiar demais neles. Se você usou corretamente seu diário e fez os exercícios para cada carta, na verdade você já tem a informação armazenada na sua mente e seu subconsciente vai trazê-la à tona.

Geralmente, é a falta de confiança que faz você tornar a conferir as cartas, por isso, procure resolver a situação antes de correr de volta para os significados. Se tentar, pode ficar agradavelmente surpreso consigo mesmo! Além disso, você pode anotar que cartas podem ter dado mais trabalho. Vai perceber que há algumas cartas de que se lembra e faz associações com mais facilidade do que outras, o que pode ser bastante revelador, mas não perca muito tempo com isso.

Várias Tiragens do Tarô em Profundidade

Parte Quatro

Que tipo, quando e por quê?

Além da ética, há muito pouco de "certo" e "errado" no Tarô. Com relação às tiragens, trata-se de ver quais são mais confortáveis para você, quais funcionam melhor. Como você deve ter percebido, isso só ficará claro com a prática, com tentativas e erros. A maioria das pessoas se restringe a umas poucas tiragens de uso regular — é uma questão de escolha pessoal.

A tiragem é idealizada para ajudá-lo a ter acesso a informações por meio da organização das cartas, na qual cada posição tem significado fixo, por isso cabe a você saber qual tiragem lhe proporciona os melhores resultados e é mais interessante usar. Com o tempo, talvez você queira desenhar suas próprias tiragens, o que também é perfeitamente aceitável. Para isso, você deve levar em conta as informações que deseja de uma tiragem, desenhando-a de acordo com isso. Depois, use-a para si mesmo de forma consistente, registrando os resultados durante algum tempo, para saber se ela é precisa.

A maioria das tiragens segue um tema razoavelmente similar, pois há certas informações que quase sempre se quer saber (ou seja, a situação atual, o que se espera, condições favoráveis, desafios e o resultado). Em outras situações, pode ser útil conhecer o histórico das circunstâncias, e então será bom ter a opção de tiragens diferentes.

Não desanime diante de tiragens maiores. Alguns principiantes me disseram que acham muito mais fácil trabalhar com elas, se comparadas com as menores. Também percebi que trabalhar com menos cartas é mais difícil, e por isso evito o conselho, tão comum, de se começar com apenas uma ou três cartas.

Dito isso, a primeira tiragem que você pode experimentar é bem simples e foi idealizada por mim. Ela contém cinco cartas e é muito boa para se obter uma orientação clara sobre uma questão específica. Você não se perde em informações históricas, nem se sente assoberbado diante de muitas cartas — mas não a subestime. Talvez essa tiragem não sirva para certas questões, especialmente quando um histórico seria benéfico, mas tem seus méritos. À medida que aprender outras tiragens, você escolherá a mais apropriada, com base em sua própria experiência.

DÉCIMO SÉTIMO PASSO

A Cruz da Verdade

Tendo embaralhado e cortado as cartas como mostrado anteriormente, pegue-as, ainda com a face para baixo, com a mão esquerda (ou direita, se for canhoto), e, com a mão dominante, tire as cartas do alto do maço, uma de cada vez, virando-as e posicionando-as calmamente.

```
          ┌──────────┐
          │Resultado │
          │    5     │
          └──────────┘

┌──────────┐ ┌──────────┐ ┌──────────┐
│ Oposição │ │ Desejos  │ │   Útil   │
│    4     │ │    2     │ │    3     │
└──────────┘ └──────────┘ └──────────┘

          ┌──────────┐
          │   Base   │
          │    I     │
          └──────────┘
```

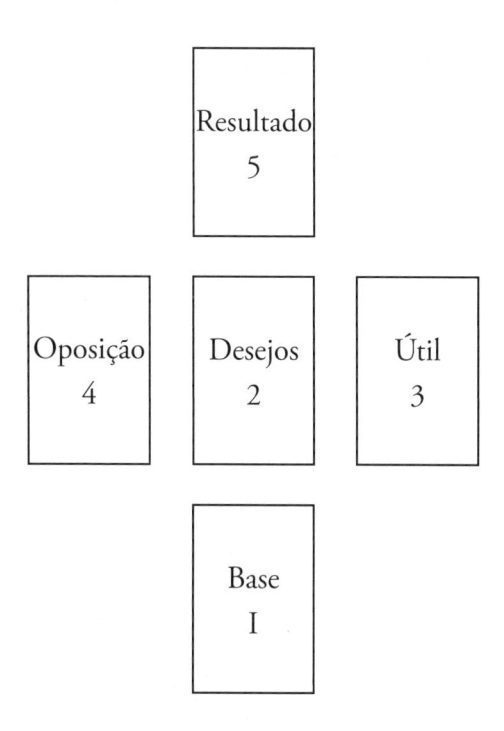

Carta da posição nº 1 — Base ou presente
A primeira carta mostra sua posição atual, a base a partir da qual você está agindo com relação à sua pergunta.

Carta da posição nº 2 — Desejos (esperanças ou receios)
A segunda carta mostra como você realmente se sente em relação à situação. Isso já pode dizer muito sobre sua predisposição. Qual a sintonia entre esta carta e as outras? Ela conflita ou está de acordo com aquilo que você quer e com o que dizem as outras cartas?

Se esta carta for positiva e as outras forem negativas com relação ao resultado que você esperava, pode ser que você não esteja em sintonia com a situação tal como ela realmente é.

Carta da posição nº 3 — Assuntos úteis
Esta carta mostra o que está (ou estará) trabalhando a seu favor com relação à sua pergunta.

Carta da posição nº 4 — Desafios (energias opostas)
A carta na posição dos desafios mostra se há energias opostas que o impedem de conseguir o que você deseja, ou os obstáculos que você pode encontrar. Não se engane caso apareça uma carta positiva aqui; às vezes, as circunstâncias que cercam o significado da carta podem criar um obstáculo.

Carta da posição nº 5 — Resultado
A carta final vai proporcionar a resposta ou o conselho solicitado, mas leia-a sempre com relação às outras cartas.

Sobre sua leitura

Tendo feito uma pergunta específica, evite fazê-la novamente hoje — e, a menos que as circunstâncias tenham mudado, amanhã ou depois de amanhã. Correndo o risco de me repetir, se você fosse se consultar com um profissional, essa seria a sua resposta. Você não o visitaria todos os dias com a mesma pergunta. É importante dar um tempo para que a resposta se materialize, e nesse caso você provavelmente teria outra pergunta a fazer. Mas repetir a mesma pergunta todos os dias não vai ajudá-lo, e com certeza não será útil para a precisão de suas leituras. Só o deixará confuso.

Seja a resposta positiva ou negativa, não se esqueça: é a potencialidade da situação atual, e suas ações podem mudar o resultado. Portanto, se a sua resposta for positiva, não fique excessivamente confiante, pensando que, não importa o que faça, o resultado desejado acontecerá! É importante manter-se no caminho que você estava percorrendo.

Por exemplo: digamos que você teve uma discussão com sua parceira. Sua pergunta seria, será que ela vai me procurar? As cartas parecem bem positivas. O telefone toca; confiante no fato de que tudo sairá do seu modo, você decide fazê-la esperar e não atende, achando que ela vai tornar a ligar. Entendeu? Antes, com quase toda certeza, você atenderia no primeiro toque — do contrário, por que se incomodou em fazer a pergunta às cartas?

Como a tiragem *não* vai lhe dar um sim ou não definitivo, é importante seguir o conselho proporcionado pelas cartas. Elas podem mostrar atrasos antes de um resultado positivo, ou dizer-lhe para ser paciente. O Tarô sempre dá bons conselhos. E se você não gostar do rumo que as coisas estão tomando, adote medidas para alterar o caminho que estava seguindo, a fim de mudar o resultado. Neste caso, você também pode consultar o Tarô para saber qual caminho seria o mais benéfico. Lembre-se... a ação molda o destino!

E se parecer que as cartas não têm nenhuma relação?

Às vezes, quando você faz uma pergunta para as cartas, a resposta parece não fazer sentido. Se for o caso, ainda assim recomendo que registre e interprete a resposta em seu diário. Mas verifique bem como você formulou a pergunta. Foi feita de forma clara?

Você a reformularia com mais concisão? Se for o caso, faça a leitura novamente, mas esteja ciente de que toda carta aparece por um motivo, por isso não menospreze nenhuma delas.

De vez em quando, você pode fazer uma pergunta para as cartas e estas podem chamar sua atenção para uma situação totalmente diferente. Por exemplo, você pode fazer uma pergunta sobre o trabalho e perceber que a leitura toda está relacionada com sua vida amorosa. Neste caso, aconselho-o a ler as cartas tal como se apresentam; não tente fazer com que se ajustem à sua pergunta original. A razão para as cartas terem aparecido dessa forma é relevante; deve ser importante, ou do contrário não estariam ali. Pode haver alguma coisa mais premente naquela área específica e o universo quis chamar sua atenção para ela. É sempre possível formular a pergunta original em outra ocasião.

É interessante notar que, se as cartas são desconsideradas, reembaralhadas e a pergunta original formulada novamente, as mesmas cartas tendem invariavelmente a aparecer. Por incrível que pareça, às vezes elas surgem na mesma ordem, embora tenham sido bem embaralhadas. Se você ficar confuso com essas cartas, talvez seja um bom momento para pedir conselhos e orientação a elas (como explicado anteriormente). Ou você pode pegar uma das cartas relevantes e pedir mais informações... mas vamos tratar disto mais detalhadamente adiante.

Lembre-se de que você está contemplando uma situação futura. Aquilo que não parece relevante agora pode ser numa data posterior. A reação natural é ler as cartas com base naquilo que sabemos, mas, na verdade, há sempre muitos fatores ocultos em ação, fatores dos quais não temos conhecimento.

As cartas apresentadas sempre são relevantes — sua tarefa é interpretá-las. Mantenha-se fiel aos significados e procure os vínculos entre elas. Repito, o que você diria a alguém que você não conhece se estivesse fazendo uma leitura para essa pessoa? Ao fazer leituras para si mesmo, deixe a pergunta ser seu guia.

Analisando sua precisão

Mais tarde, com o desenrolar das situações, você pode voltar à interpretação registrada em seu diário e estudá-la. Você foi preciso? Agora que conhece a situação que já passou, consegue ver o que deixou de lado ou interpretou erroneamente?

Isso é muito importante para seu processo de aprendizado, e lhe serve de experiência para o futuro. Quando confirmar a precisão das leituras feitas para si mesmo, você vai se sentir mais confiante, tanto em sua capacidade como no Tarô.

Exemplo de leitura: A Cruz da Verdade

Esta leitura baseia-se numa pergunta do tipo "Ele vai me procurar?". Nesse caso, a carta na posição de "desafios" parecia positiva, mas a situação da cliente trouxe à tona informações das quais eu não tinha conhecimento. Assim, os resultados foram bem interessantes e proporcionam um bom exemplo da forma como as cartas podem transmitir informações — um bom motivo para nos mantermos fiéis às interpretações, mesmo que estas pareçam pouco prováveis na ocasião.

Carta da posição nº 1 — Base/posição presente
— Dois de Espadas

A situação atual mostra um impasse; parecia haver alguma coisa travando tudo. A cliente, Carole, disse que se sentia exatamente como esta carta sugeria. Ela tinha dito a seu parceiro como estava se sentindo no relacionamento e ele não tinha voltado a procurá--la. Ela achava que não podia fazer nada no momento, pois tinha dito tudo de maneira calma, mas firme, e deixou as coisas por conta dele. Agora, iria depender da resposta do companheiro. Como ela não tinha sido procurada por ele, sentia-se "presa" na situação, sem saber o que fazer.

Carta da posição nº 2 — Desejos — Valete de Ouros
Carole estava, naturalmente, esperando boas notícias que trariam mudanças desejadas. Além disso, estava entretida com um novo curso, e, embora tivesse dificuldade de se concentrar nas aulas por causa do problema no relacionamento, perseverava nos estudos. Ela sabia que, qualquer que fosse o rumo que o relacionamento tomasse, era importante se concentrar na sua própria vida e em suas ambições (mulher sensata!). Ela também estava usando seu tempo livre para se concentrar em atividades com seu filho, um garoto muito estudioso. (Nem sempre isso acontece, mas mostra que às vezes todos os aspectos da carta podem ser relevantes.)

Carta da posição nº 3 — Assuntos úteis — Cavaleiro de Paus
O Cavaleiro de Paus indicava movimento súbito com muita energia. Sugeria viagens — geralmente uma longa viagem, às vezes por água. Ou ainda uma mudança de residência, o que era muito intrigante, pois a carta na posição quatro foi o Dez de Ouros.

De repente, a leitura ficou muito interessante. Carole revelou que seu parceiro estava morando em outro país e ela esperava que ambos pudessem se sentar e discutir juntos os problemas, o que implicaria que um deles teria de fazer uma longa viagem. Ela não sabia se a distância tinha se tornado uma barreira intransponível para seu relacionamento, ou se o seu parceiro ainda a levava a sério, como tinha indicado antes de se mudar. Assim, poderia haver uma viagem por água, caso chegasse um convite.

Carta da posição nº 4 — Desafios — Dez de Ouros

O Dez de Ouros é a carta do lar e da família, tradição e estabilidade financeira. É interessante notar que, quando o Cavaleiro de Paus aparece com o Dez de Ouros, essas cartas geralmente indicam mudança de residência. O Cavaleiro de Paus, além de uma viagem, pode indicar imigração. Mas o Dez estava na posição dos desafios. Como a casa da família seria um desafio?

Carole contou que como cada um tinha sua casa em países diferentes, seus estilos de vida e seus filhos entrariam na equação. Ela disse que se houvesse uma mudança, teria de ser a dela, e era por isso que ela precisava levar muitas coisas em consideração. Seu parceiro tinha um bom cargo, e por isso não seria sensato da parte dele mudar-se. Logo, o lugar onde ambos viviam, como indivíduos, representava um problema para o fortalecimento da relação, e obviamente teria de ser algo sério para que ela fosse morar com ele. Carole achava que teria muito para pensar e discutir, caso o relacionamento progredisse — logo, a situação original da carta um tornou-se mais aparente.

Carta da posição nº 5 — Resultado — Nove de Copas

Esta é a carta dos desejos, significando a realização de um desejo importante e muito querido, bem como a satisfação emocional.

Esta carta mostra um resultado positivo e parece ser uma boa notícia.

Em suma, todas as indicações eram de que Carole receberia notícias de seu parceiro e que faria uma viagem para que pudessem discutir seu futuro. Embora o Nove de Copas seja uma carta muito positiva, ela não tem a mesma estabilidade que o Dez de Copas. Se fosse esse o caso, junto com o Cavaleiro de Paus e o Dez de Ouros, as cartas teriam indicado um compromisso no relacionamento, algo que, em última análise, mostraria uma mudança e uma união, um casamento. Embora a leitura feita ainda revelasse uma boa possibilidade, senti-me um pouco mais cautelosa do que teria sido caso o Dez de Copas estivesse na posição do resultado.

No entanto, Carole indicou em nossa conversa que ainda não imaginava um casamento ou uma situação permanente. Embora o relacionamento aparentasse ter muito potencial, ela achava que ambos não se conheciam o suficiente para tomar esse tipo de decisão, e a distância tinha prolongado ainda mais o processo. Contudo, eram boas as indicações de que o relacionamento continuaria para que ambos explorassem a possibilidade de um futuro juntos.

Pontos a destacar

Neste caso, a carta positiva na posição dos desafios não era um problema de atitude ou de falta de confiança por parte da cliente. Manter-se fiel ao significado da carta, por menos provável que possa parecer, é importante, como este caso indicou — e que fez muito sentido depois que a cliente colaborou.

A Cruz da Verdade é, de fato, um bom lugar para começar a praticar. A tiragem mais popular e que normalmente é recomendada para iniciantes é a tiragem Passado-Presente-Futuro com três cartas, mas acredito que é um modo difícil de iniciar. Também queremos aprender a ligar as cartas numa progressão, pois esta é uma parte muito importante das leituras, normalmente esquecidas pelos principiantes. Para aprimorar um pouco este exercício, a melhor variação é aquela em que se usam nove cartas, que é a próxima tiragem a ser abordada.

DÉCIMO OITAVO PASSO

A Tiragem de Nove Cartas

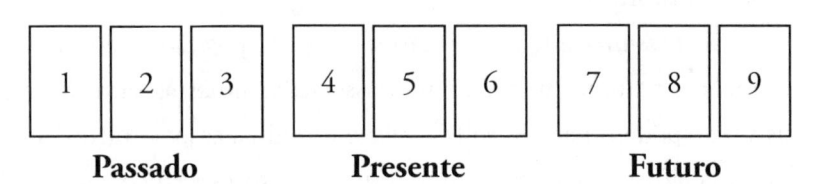

| 1 | 2 | 3 | 4 | 5 | 6 | 7 | 8 | 9 |

Passado **Presente** **Futuro**

Use sempre o mesmo formato:
- Formule a pergunta (por escrito, para ajudar o foco)
- Verbalize a pergunta
- Embaralhe o maço
- Corte o maço três vezes, como explicado anteriormente, depois reúna as cartas numa pilha
- Disponha as cartas

Reserve um momento para obter as primeiras impressões; não entre em pânico neste momento! Ignore a vozinha em sua cabeça dizendo que você não tem a menor ideia do significado disso tudo; isso é apenas falta de confiança. Você *sabe*, ou, mais importante, seu subconsciente sabe.

Respire fundo e comece a verbalizar a primeira carta, como se estivesse fazendo uma leitura para outra pessoa. Sei que já disse isto antes — mas é tão comum lermos livros e, quando nos dizem para fazer alguma coisa, temos a tendência a não fazê-la!

Com a Tiragem de Nove Cartas, você consegue ver com mais clareza como os eventos passados influenciaram o presente e, em última análise, o resultado futuro. Se a leitura for para você mesmo, haverá pleno conhecimento de questões passadas — e ao constatar esse vínculo para si mesmo em suas próprias leituras, terá mais confiança quando fizer leituras para outras pessoas, cujo histórico desconhece. Com essa tiragem, você obtém mais informações históricas.

Não presuma que as três cartas em cada posição terão uma sequência natural ou que estarão associadas umas às outras — às vezes, podem parecer soltas, mas em muitos casos o histórico de uma situação não se resume a um aspecto específico. Numa questão afetiva, por exemplo, se saírem cartas ligadas a dinheiro e a trabalho, é possível que haja um aspecto de trabalho no problema, ou que o relacionamento tenha começado no trabalho ou por meio de um contato profissional, e assim por diante.

Em primeiro lugar, procure ver se existe um vínculo, um tema que mescla as três. Você pode descobrir que há dois ou três vínculos separados que surgem em cada seção do Passado e do Presente. Não há regras rígidas, pois obviamente são muitas as combinações que podem surgir. O melhor meio de familiarizar-se com essa tiragem é usá-la pessoalmente e registrar os resultados no seu diário.

Entretanto, não se sinta obrigado a usá-la. Se você não se sentir à vontade com ela, ou se os resultados não forem particularmente felizes, use uma tiragem com a qual você se sinta mais à vontade. Há muitas para escolher. Mas a Tiragem de Nove Cartas é um exercício útil para aprender a associar as cartas.

DÉCIMO NONO PASSO

A Cruz Celta

Pessoalmente, acredito que esta é uma das tiragens mais subestimadas. Não sei qual a razão: como ela é muito conhecida, alguns parecem considerá-la "ultrapassada". Bem, acho que você vai se surpreender com a quantidade de informações que esta tiragem "ultrapassada" pode proporcionar! Por isso, não menospreze a Cruz Celta.

Vamos analisar esta tiragem com mais detalhes por causa das inúmeras pistas que ela oferece, além daquilo que é mais óbvio. Para mim, esta tiragem é a única que proporciona resultados precisos em termos de tempo. Também é boa para responder a perguntas específicas ou para se pedir orientação e sabedoria, por todos esses motivos ela se mantém como uma de minhas favoritas.

Há diversas variações da Cruz Celta, mas esta é a versão que uso, com um pequeno acréscimo:

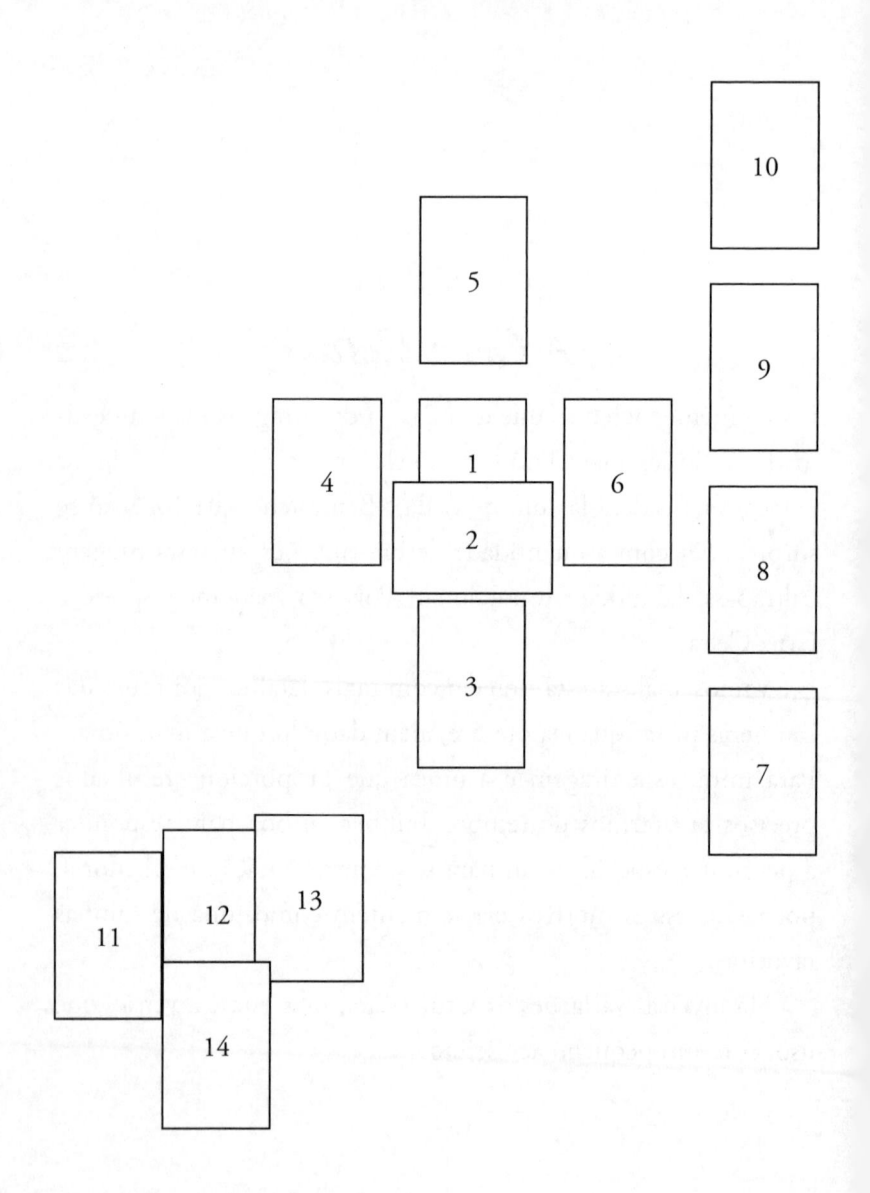

Carta da posição nº 1 — Presente
"Isto é o que cobre você..."

Esta carta tende a mostrar a posição atual do cliente, o que ele sente com relação à pergunta, ou alguma coisa que o afeta nesse momento.

Carta da posição nº 2 — Influência
"Isto é o que cruza você..."

A carta que cruza funciona como um filtro, e por isso mostra se as energias que envolvem a situação são úteis ou desafiadoras com relação à pergunta. Esta não é uma carta preditiva em si, e (como sempre) deve ser interpretada em conexão com o resto da leitura. Mas mostra o que está funcionando a favor ou contra a situação.

Carta da posição nº 3 — Perguntas passadas
"Esta é a base da situação..."

Esta carta vai proporcionar mais informações sobre o passado em relação à pergunta, e costuma ser a razão, ou a base, pela qual o cliente está fazendo essa pergunta.

Carta da posição nº 4 — Passado imediato
"Isto está atrás de você..."

Esta carta mostra as influências que acabaram de passar ou estão passando agora — caso ainda não tenham acontecido, dê uma ou duas semanas para que se manifestem.

Carta da posição nº 5 — Pensamentos que prevalecem
"Isto é o que o prevalece..."

A carta na posição cinco mostra os pensamentos do cliente que "prevalecem" com relação à pergunta. Como qualquer prática esotérica ou material de desenvolvimento pessoal vai lhe mostrar, nossos pensamentos são bem reais. Eles seguem adiante e se manifestam, e por isso têm um impacto enorme no modo como as situações acabam se desenvolvendo, com base em nossa atitude diante daquilo que está acontecendo ou em que acreditamos. Nossa atitude sempre tem alguma relação com uma eventual manifestação e resultado. Por isso, policie seus pensamentos! Embora esta carta não esteja propriamente numa posição preditiva, mostra uma forte possibilidade sobre o modo como a situação pode se desenrolar, com base nas crenças do cliente com relação à sua pergunta.

Carta da posição nº 6 — Futuro imediato
"Isto está à sua frente..."

A carta na posição seis mostra o que está prestes a acontecer no futuro imediato. Como precisamos levar em conta que esta carta já foi produzida pelas energias do passado e do presente, é bem provável que se manifeste.

Carta da posição nº 7 — Seus temores
"Estes são os seus temores..."

A sétima carta mostra as apreensões sentidas pelo cliente com relação à sua pergunta. Não se deixe enganar caso surja uma carta positiva aqui; ela pode mostrar medos infundados.

Carta da posição nº 8 — Fatores ambientais
"Isto é como os outros vão ver você..."

A oitava carta permite que o cliente veja como as pessoas à sua volta enxergarão a situação. Caso a pergunta se refira a uma pessoa específica, esta carta revela sua posição — e por isso pode ser uma carta de excelente perspicácia e grande utilidade!

Carta da posição nº 9 — Suas esperanças
"Estas são as suas esperanças..."

Esta carta revela o que o cliente espera, de fato, com relação à pergunta feita.

Carta da posição nº 10 — Resultado
"Este é o resultado..."

A última carta da Cruz Celta mostra o resultado e a resposta à pergunta. Entretanto, deve ser lida em conjunto com todas as outras cartas presentes. Não basta ir direto para esta última carta.

Cartas das posições nº^{os} 11, 12, 13 e 14 — Leque do tarólogo

Estas cartas estão dispostas em leque, longe da Cruz Celta principal. Por favor, não deixe que isso o distraia da leitura principal. O propósito do leque é apenas esclarecer as cartas que já estão presentes.

Elas estão ali mais para tirar suas dúvidas, e por isso não têm nenhum aspecto particular, podendo ser uma mistura de influências passadas, presentes ou futuras. Embora possam proporcionar mais informações, não são uma continuação da leitura, como se houvesse algo para ler além da décima carta, e por isso não deixe que essas cartas o distraiam. As interpretações devem harmonizar com aquilo que você já vê nas dez cartas principais. Como são para sua própria orientação, não precisa necessariamente ler essas cartas para o cliente; contudo, elas podem ser muito úteis para um esclarecimento da leitura. Se, no entanto, achar que elas o confundem, deixe essa parte de lado. O fato de usar sempre a Âncora (como veremos em breve) e de deixá-la no lugar irá ajudá-lo a esclarecer todas as segundas leituras que virão.

Insights adicionais sobre a Cruz Celta

Depois de dispor as cartas à sua frente, reserve um instante para analisar se algum naipe ou tipo de carta está predominando, como vimos anteriormente. No entanto, há outros *insights* a se obter com essa leitura.

Cartas 5, 7 e 9 — A atitude do cliente

Carta nº 5 — Pensamentos que prevalecem
Carta nº 7 — Seus temores
Carta nº 9 — Suas esperanças

Reserve alguns instantes para analisar estas cartas; elas estão sintonizadas com o resto da leitura? Mais especificamente, estão sintonizadas com as cartas (6 e 10) que definem o resultado? Todas essas cartas dizem respeito à atitude do cliente. Como já vimos, isso pode ter um efeito importante no modo como os eventos irão se desenrolar, pois aquilo que os clientes sentem com relação a alguma coisa vai afetar seu comportamento e as medidas que eles irão tomar. É possível ficar excessivamente ou insuficientemente confiante, e essas cartas vão revelar se o cliente está em equilíbrio com a situação. Com essa informação, você pode ajudar muito os clientes a compreenderem suas dúvidas, e portanto ajudá-los a entender como eles podem ter sucesso. Seus temores podem impedi-los de conseguir o que desejam, e isso acontece muito mais do que você imagina.

Digamos, por exemplo, que um cliente está pensando em abrir um novo negócio e lhe pergunta se este terá sucesso. O exemplo que dou a seguir é bem extremo, mas a ideia é provar um ponto. Vamos imaginar que nas posições 5, 7 e 9 ele receba cartas muito positivas, como o Nove de Copas, o Sol e o Mundo. Mas as cartas 6 e 10 não mostram um futuro muito promissor — o Dez de Espadas e a Torre. Este é um exemplo típico de alguém que está sendo excessivamente otimista.

Além disso, você pode encontrar outras pistas: na posição 1, poderia sair o Ás de Paus, mostrando o entusiasmo do cliente por seu novo empreendimento, mas ele poderia ser cruzado pelo Cinco de Paus, mostrando que conflitos, oposição ou a concorrência podem estar à sua espera. Na posição 8, o Cinco de Ouros mostra como os outros veem a situação (a carta mostra o cliente sofrendo uma perda material).

Imagine o Três de Espadas na posição número 3 ou 4. Descobrimos que o cliente e a esposa discutiram e ela não quer que ele monte o negócio. O fato de o cliente não contar com o apoio da esposa poderia representar outras energias de oposição que ele não está levando em conta.

Isso lhe oferece alguma indicação das diversas pistas que estão disponíveis com esta tiragem. Embora os exemplos que dei possam parecer ridiculamente óbvios, acredito que você ficará surpreso com a clareza da leitura do cliente para você, desde que você saiba o que está procurando.

Cartas 3 e 7 — Base e Temores

É interessante ver quantas vezes essas duas cartas se ligam e proporcionam mais informações sobre o que está acontecendo em torno de um cliente. Vou dar um exemplo.

A pergunta do cliente se referia a negócios, e embora as outras cartas refletissem isso, as cartas nas posições 3 e 7 eram o Seis de Copas e os Enamorados. Elas estavam completamente fora do lugar com relação ao resto da leitura, e por isso perguntei se ele estava mantendo um relacionamento com uma pessoa que já conhecia antes e se havia alguma escolha pendente com relação a esse relacionamento. O cliente pareceu surpreso por esse assunto aparecer na leitura, e contou que recentemente tinha voltado a manter um relacionamento que ele considerava sério, mas havia aspectos com os quais ele não estava lidando. O cliente percebeu que, pelo fato de não estar discutindo a situação com sua parceira, isso estava rondando a sua mente e afetando outras áreas de sua vida — inclusive seus negócios.

Você também pode encontrar na posição 7 um vínculo com alguma coisa do passado que explica os temores do cliente. Essas duas cartas costumam se associar, de algum modo.

Cartas 5 e 9 – Pensamentos que prevalecem e esperanças

Do mesmo modo, procure o vínculo entre estas duas cartas. Estão em conflito? Se estão, qual das duas vai "ganhar"? Lembre-se de que as cartas dos Arcanos Maiores exercem uma influência mais forte, e por isso é mais provável que se expressem. Em termos ideais, você encontraria harmonia entre essas cartas, mas obviamente nem sempre será esse o caso.

Se as cartas são do mesmo arcano mas mostram energias em oposição, isso geralmente representa um conflito dentro do cliente. Esse fato pode ser um problema, pois a fim de alcançar seus objetivos, os clientes precisam manter um foco claro e acreditar neles mesmos para que o resultado seja positivo. Essas cartas explicam melhor o que o cliente está experimentando com relação à carta da posição 7?

Pode parecer que estou me repetindo, mas nunca é demais enfatizar o fato de que as atitudes do cliente podem afetar uma situação. Ajudando os clientes a compreender o que estão vivendo, você pode ajudá-los a seguir em frente de maneira produtiva. Com frequência, pode ser por isto que fizeram a pergunta — suas próprias dúvidas e confusão. Como você deve ter percebido, isso é bem comum.

Cartas 6 e 10 — Futuro imediato e resultado

De algum modo, existe um vínculo entre estas duas cartas, pois o futuro imediato vai levar ao resultado eventual. Se isso não ficar claramente aparente, lembre-se de que você está lidando com situações que ainda não aconteceram; portanto, a conexão vai existir numa data futura.

Cenários "e se"

Espero que esta lista seja útil para você, pois abrange a maioria das áreas que costumam ser intrigantes com relação à Cruz Celta.

E se a última carta parece não ter nenhuma ligação?

Quando isso acontece, não se deixe abater. Imagine que você está dispondo as cartas e já percebeu que a leitura está fluindo bem. Então, você coloca a última carta e pensa, "Como?". Antes de descartar completamente a leitura, analise primeiro todos os seus aspectos e posições. Às vezes, quando o resto da leitura flui bem, é fácil menosprezar essa carta. Dê um tempo a si mesmo, analise tudo adequadamente; só porque essa carta exige mais trabalho, não quer dizer que está "errada". Há uma razão para que todas as cartas estejam na tiragem.

Se você já fez tudo isso, mas ainda está intrigado com a aparição dessa carta, há duas considerações a fazer:

- Você está olhando para uma situação interveniente que irá se manifestar no futuro e tornar-se importante em relação à pergunta original.
- As energias atuais vão trazer ao cenário uma situação totalmente nova.

Esta é uma oportunidade para usar a última carta numa leitura de continuação e pedir mais informações sobre ela (vamos falar disso num instante).

E as cartas da Corte?

Pense em todas as posições da Cruz Celta. Se a carta da Corte que aparece em qualquer das posições não é a do cliente, então você está vendo a influência de outra pessoa. Não se preocupe muito com isso; leia as cartas tal como se relacionam com a posição relevante, exatamente como antes. Por exemplo:

Na primeira posição: a pessoa representada pela carta da Corte tem alguma ligação com a situação atual ou com o motivo da pergunta.

Na segunda: esta pessoa tem uma influência sobre a situação.

Na terceira: esta pessoa teve algum papel no histórico da pergunta.

Na quarta: o envolvimento desta pessoa foi recente ou está ocorrendo.

Na quinta: por que esta pessoa é importante para o cliente?

Na sexta: a pessoa representada por esta carta está prestes a entrar na situação e é relevante no futuro imediato.

Na sétima: por que o cliente está apreensivo com relação a esta pessoa? Se não está atualmente, pode se sentir assim no futuro, estando ou não certo quanto a seu receio.

Na oitava: a pessoa representada por esta carta tem ou terá opiniões fortes sobre a situação.

Na nona: o cliente está tendo (ou terá) sentimentos positivos sobre esta pessoa com relação à pergunta.

Na décima: esta pessoa é, de algum modo, responsável pelo resultado da pergunta do cliente, ou relevante para esse resultado. É um vínculo importante.

E se nenhuma das cartas parece relacionada com a pergunta?

Se o seu cliente fez uma pergunta sobre negócios e todas as cartas parecem tratar de um relacionamento, ou vice-versa, pergunte primeiro ao cliente se existe uma razão para essas cartas aparecerem ou se elas se relacionam com uma situação totalmente separada. Seu cliente não precisa fornecer todos os detalhes caso essa pergunta não tenha relação com a pergunta original. No entanto, diga ao cliente que as cartas estão tentando lhe informar de uma situação da qual precisam tomar conhecimento nesse momento. Depois que essa mensagem foi transmitida ao cliente, você pode voltar à pergunta original. Informe o cliente que deve ser algo importante, ou do contrário não teria surgido na leitura. Se a informação for ignorada, provavelmente você perceberá que as cartas vão insistir no assunto até serem ouvidas!

Essa situação não é incomum. Do mesmo modo, se você achar que a maioria das cartas, ou mesmo todas, são Arcanos Maiores, então o Tarô está novamente tentando transmitir uma mensagem importante, independentemente de qual tenha sido a pergunta original.

E se todas as cartas parecem desconexas, soltas?

Quando isso acontece, geralmente o cliente tem muita coisa acontecendo ao mesmo tempo em sua vida, e assim você está realmente observando diversos aspectos simultâneos. Tenho algumas clientes cujas cartas quase sempre são assim, mas isso é simplesmente um reflexo de suas vidas — loucamente agitadas. Dito isso, um bom número era do tipo Rainha de Paus! Geralmente, você vai perceber que, embora haja vários temas acontecendo ao mesmo tempo, eles ainda se ligam — como duas ou mais histórias que se desenrolam simultaneamente. Com paciência e trabalho, você vai perceber os vínculos.

Mais adiante, apresento uma leitura separada, que chamo de Tiragem da Vida, e inicio todas as minhas leituras com ela; essa tiragem é útil para ajudar a decifrar o que está acontecendo em torno do cliente. Depois, se necessário, uso a Cruz Celta caso haja perguntas importantes ainda sem resposta (o que é incomum), caso seja preciso obter mais informações ou caso o tempo seja particularmente importante nessas circunstâncias.

E se eu precisar de mais informações?

Às vezes, as cartas iluminam uma situação, ou uma pessoa, e você sente que precisa de mais informações a respeito. Nesse caso, você usa essa carta e faz dela o início de uma nova tiragem, abrindo as situações à volta dela ou focalizando o modo como ela se projeta no futuro. Se quiser, use outra Cruz Celta, ou, alternativamente, outra tiragem que você considere mais útil. No entanto, lembre-se de ler as posições da nova tiragem sabendo que você está explorando mais informações em torno dessa carta ou, se estiver continuando, está avançando no tempo.

Essa técnica tem prós e contras, e se você não tiver alguma experiência com o Tarô, evite continuar a leitura mais de uma vez. Até o tarólogo experiente pode ficar confuso com essa técnica! Deixe-me explicar. Geralmente, as cartas revelam todas as informações necessárias para o momento atual — se alguma outra coisa fosse importante, seria revelada. Aquilo que você recebeu é o conhecimento suficiente para o momento.

Usando esta técnica, é tentador seguir em frente — mas quando você deve parar? Testei este método várias vezes ao longo dos anos, juntamente com uma boa amiga, e descobrimos que geralmente as cartas vão nos levar em círculos, e assim não ganhamos nada com isso. O Tarô tem um modo de dizer que quando basta, basta!

O tempo e a Cruz Celta

Encontrar um sistema de tempo que funcionasse bem foi algo com que tive dificuldades. Experimentei diversos métodos, registrando minuciosamente cada um deles, até encontrar este. Lamento não poder reclamar os créditos por ele; encontrei-o no livro de Eileen Connolly, *Tarot: A New Handbook for the Apprentice, Classic Edition*,* e agradeci silenciosamente a autora quando descobri o sistema. Não o uso na íntegra, pois percebi

---

* Connolly, Eileen. *Tarot: A New Handbook for the Apprentice, Classic Edition* (Franklin Lakes, NJ: New Page Books, 1979).

que quando me concentro nas datas até chegar a dias específicos, obtenho resultados menos confiáveis, mas o formato que adotei tem funcionado extremamente bem e mostrou-se suficiente.

Embora tenha tentado usar esse formato de datação com outras tiragens, descobri que ele só funciona com a Cruz Celta. Pelo menos, esta tem sido a minha experiência até o momento. Se quiser, faça experiências com ele, e talvez você obtenha bons resultados com outras tiragens, mas sugiro que teste consigo mesmo antes, registrando os resultados como já faz.

Há algumas diferenças de opinião sobre a correspondência entre naipes e estações do ano; contudo, mantive-me fiel ao formato recomendado e posso dizer que ele tem funcionado muito bem para mim.

Os ases representam:
- Ás de Copas — desde o início de março.
- Ás de Paus — desde o início de junho.
- Ás de Espadas — desde o início de setembro.
- Ás de Ouros — desde o início de dezembro.
- Para ser reconhecida como "carta do calendário", o ás deve aparecer nas posições 5, 6, 7, 8 ou 9, pois as cartas anteriores são cartas de "histórico".
- Se mais de um ás aparecer nessas posições, trabalhe sempre com o primeiro ás.
- O número da carta na posição 10 proporciona o número de semanas desde o início do mês em relação ao ás.

Por exemplo, a Imperatriz (carta número 3) está na posição 10; o Ás de Ouros aparece na posição 6. Isso dá uma contagem de três semanas desde o início de dezembro, então os sete dias dessa semana em particular seriam relevantes.

- Se a última carta não é numerada (o Louco, ou uma carta da Corte), simplesmente recue desde a décima carta até encontrar a primeira carta numerada.
- Todas as cartas se reduzem a um único dígito, por isso 10 torna-se 1 + 0 = 1; 12 torna-se 1 + 2 = 3, e assim por diante.
- Sempre leia o ás com sua interpretação original antes.

Estou certa de que você já percebeu que isso reduz o posicionamento no calendário a quatro lotes de nove semanas, o que lhe daria apenas 36 semanas no ano. No entanto, é sempre importante permitir certa folga, pois geralmente o tempo depende de diversas circunstâncias, e algumas delas podem estar fora do controle do cliente. Mesmo quando depende do cliente, a atitude deste pode alterar o momento do evento.

Os ases em cada uma das posições correspondem simplesmente àquilo com que aquela posição se relaciona. Portanto, uma carta de datação na posição 6 tem bem mais chances de se manifestar nesta época do que um ás nas posições 5, 7 ou 9, que dependem mais da atitude do cliente, em especial a posição 7 (que representa seus receios). Na posição 8, o momento depende um pouco das ações dos outros: pode ser de ações coletivas, no caso de perguntas gerais ou individuais, pois se a pergunta se relaciona com uma pessoa específica, as ações dessa pessoa serão relevantes.

Às vezes, você verá que por mais que pergunte, não aparecem cartas de datação, e nesse caso você não deve tentar forçar a questão. Há diversos motivos para que isso ocorra: pode ser que os eventos não se desenvolveram o suficiente para que a datação possa ser feita, ou o universo entende que na verdade não seria benéfico para o cliente ter a informação nesse momento. O Tarô funciona de maneiras misteriosas e é melhor confiar nas cartas. É possível que o cliente agisse de forma diferente se soubesse de datas, impedindo os resultados. Seja qual for o motivo, sempre entendo que é melhor seguir a indicação do Tarô. Você pode fazer uma segunda tentativa, mas se a data não aparecer, deixe isso de lado.

Encontrei métodos nos quais o tarólogo vai recuando pelo baralho até encontrar um ás; porém, acho que isso é forçado e por esse motivo não sigo esse formato.

VIGÉSIMO PASSO

A Tiragem da Vida e a Âncora

Essas duas tiragens, usadas simultaneamente, são as que prefiro utilizar nas minhas leituras. Elas foram desenvolvidas ao longo de alguns anos, depois de eu ter me sentido frustrada com diversas limitações que encontrei ao fazer leituras, especialmente para outras pessoas. Cada tiragem tem seu uso; todas têm seu lugar, dependendo das circunstâncias.

Tiragens com posições e interpretações "fixas" são excelentes quando você precisa focalizar uma situação e se concentrar em algum ponto. No entanto, às vezes isso é demasiadamente limitador e você precisa dar mais liberdade de expressão às cartas, como na Tiragem da Vida, que "não é fixa".

No início, pode parecer assustador — 21 cartas sem qualquer aspecto físico em especial. Mas com a experiência e a prática, você verá que a Tiragem da Vida (combinada com a Âncora) pode responder praticamente a todas as perguntas relevantes para o cliente naquele momento específico de sua vida. Para lhe dar ainda mais tranquilidade, conheço alguns estudantes que disseram que essa tiragem é mais fácil para se trabalhar do que a Cruz Celta, embora fossem todos principiantes.

A Tiragem da Vida dá uma visão geral completa de todos os assuntos atuais pertinentes, e do futuro potencial em cada área da vida do cliente. Percebi que muitas pessoas que aparecem com uma pergunta em especial estão sofrendo de visão "afunilada" e de situações nas quais não conseguem distinguir a floresta das árvores. Para o tarólogo é importante ter uma visão geral, porque assim ele pode oferecer uma orientação precisa para seus clientes — pois outros aspectos da vida ainda terão uma relação com a pergunta que está sendo feita. Essa tiragem também previne a situação a que nos referimos antes, na qual você faz uma pergunta para as cartas e a resposta se refere a uma situação completamente diferente — pois o Tarô sabe quais situações são relevantes e importantes para o conhecimento do cliente nessa época.

Com a Tiragem da Vida, uso a Âncora, para a qual você vai precisar de um baralho separado formado apenas pelos 22 Arcanos Maiores. A Âncora recebe esse nome porque fica no mesmo lugar durante a leitura toda, independentemente se a Tiragem da Vida for fechada e uma tiragem diferente (como a Cruz Celta) for feita. A Âncora permanece no lugar e é consultada ao longo das leituras. Vamos estudar essas tiragens juntas, pois elas trabalham em conjunto.

- Devido à natureza dessas tiragens, não é preciso fazer uma pergunta.
- Primeiro, pegue o baralho separado com as 22 cartas dos Arcanos Maiores; depois, embaralhe, corte e junte da maneira usual.

- Pegue o outro baralho com 78 cartas; embaralhe, corte e junte da maneira usual.
- Do primeiro baralho embaralhado (com os Arcanos Maiores), disponha a Âncora à direita do pano.
- Depois, do maço principal de 78 cartas, disponha as cartas ao lado, conforme mostra a figura abaixo.
- Disponha as cartas tranquilamente, observando-as bem. Com isso, você vai absorver as energias das cartas à medida que toma conhecimento delas.

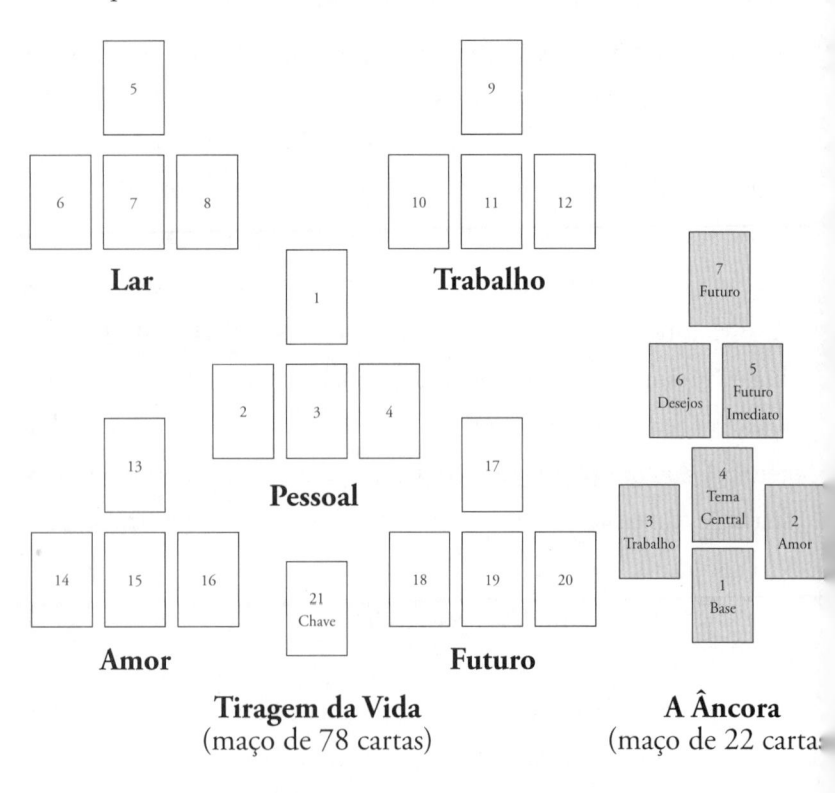

Tiragem da Vida
(maço de 78 cartas)

A Âncora
(maço de 22 cartas)

Posições da Tiragem da Vida

Cartas das posições n⁰ˢ 1, 2, 3 e 4 — O cliente

Como o cliente se sente (ou vai se sentir) e o que irá sentir é o mais importante do ponto de vista dele. Estas cartas costumam proporcionar uma visão geral daquilo que o cliente está sentindo pessoalmente em relação a todos os aspectos de sua vida. Talvez você descubra que um tema em particular se destaca, ou, por outro lado, pode encontrar vários temas. Como estas cartas se relacionam com a carta número 1 da Âncora?

Cartas das posições n⁰ˢ 5, 6, 7 e 8 — Lar

Mostra eventos que têm impacto sobre a vida doméstica do cliente ou são importantes para ela.

Cartas das posições n⁰ˢ 9, 10, 11 e 12 — Trabalho

Relevante para a vida profissional do cliente ou para seus negócios.

Cartas das posições n⁰ˢ 13, 14, 15 e 16 — Amor e relacionamentos

Mostra as influências e os eventos que cercam a vida amorosa e os relacionamentos do cliente.

Cartas das posições n⁰ˢ 17, 18, 19 e 20 — Futuro

Mostra eventos futuros, que irão se desenvolver. Podem estar ligados a alguma das outras áreas, ou, às vezes, a todas.

Carta da posição nº 21 — Carta-chave
A última carta é conhecida como a carta-chave e proporciona informações ou conselhos sobre aquilo que é mais importante para o cliente saber nesse momento. Pode refletir a influência geral que cerca sua situação atual ou pode mostrar a futura esfera de influência que estará em destaque.

Estude como esta carta interage com o resto da leitura. A carta é positiva? Indica se haverá desafios mesmo que a leitura seja positiva? Mostra atrasos, bloqueios ou golpes baixos junto ao cliente? Nesse caso, o cliente vai precisar de força, paciência ou maior percepção para lidar com os problemas.

A carta-chave mostra influências das quais o cliente precisa tomar conhecimento e costuma proporcionar conselhos ou esclarecimentos úteis.

Cartas das posições nºˢ 1, 5, 9, 13 e 17 — Influência
Todas essas cartas mostram um fator importante que age em relação às áreas relevantes — pode ser o estado de espírito do cliente, outra pessoa que é ou será influente, ou os eventos mais pertinentes. Podem mostrar influências presentes ou futuras, mas outras cartas próximas, e seu cliente, podem esclarecer melhor.

A Âncora

Carta da posição nº 1 — Base ou fundação
Comece sempre sua leitura com esta carta, que é a experiência presente do cliente.

Carta da posição nº 2 — Amor
Liga-se às cartas 13, 14, 15 e 16 da Tiragem da Vida.

Carta da posição nº 3 — Trabalho
Liga-se às cartas 9, 10, 11 e 12 da Tiragem da Vida.

As cartas 2 e 3 da Âncora mostram as experiências que o cliente está tendo nessas áreas de sua vida, mas também podem indicar o que está prestes a surgir. Se as cartas refletem o presente, procure mais informações nas cartas 5 e 7 com relação ao futuro.

Carta da posição nº 4 — Posição central
Mostra a posição central do cliente em relação a todas as outras áreas de sua vida. Esta carta pode estar ligada a qualquer uma das outras áreas da Tiragem da Vida, pois mostra como o cliente vai reagir, e por isso é um importante ponto de referência. Dependendo das circunstâncias, o cliente já pode estar sentindo os efeitos desta carta.

Carta da posição nº 5 — Futuro imediato
Esta carta vai mostrar o que está prestes a surgir e como os eventos vão se desenrolar. Analise a leitura geral para ver se existe um vínculo específico ou se ela é mais genérica, abrangendo mais de uma área.

Carta da posição nº 6 — Desejos
Esta carta é importante, pois mostra o que o cliente gostaria que acontecesse. A energia da carta está trabalhando a favor ou contra os eventos que estão surgindo? Descobri a carta da Morte ou da Torre nesta posição quando os clientes pareciam ter a necessidade

premente de progredir na vida, mas se sentiam "presos" durante algum tempo, e por isso eles realmente desejavam a mudança. É uma carta muito interessante e reveladora.

Carta da posição nº 7 — Futuro

A influência desta carta se associa com todas as cartas que se relacionam com situações futuras, mas representa o efeito geral da direção seguida pelo cliente. Procure a conexão com as cartas 17, 18, 19 e 20 da Tiragem da Vida.

Pontos a destacar:

Como estamos fazendo uma leitura sem aspectos "fixos", as informações a seguir devem ajudá-lo a entender como ler as tiragens.

Como as tiragens "não fixas" diferem e regras que se aplicam

Numa tiragem de aspecto "fixo", como a Cruz Celta, todas as posições têm uma interpretação específica. Por exemplo, posição 1 — presente; posição 2 — influência; posição 3 — perguntas passadas; posição 4 — passado imediato.

No entanto, dando às cartas liberdade de expressão, como numa tiragem não fixa, elas vão revelar o curso dos eventos conforme seja apropriado para cada cliente individualmente, e isso vai proporcionar diversas combinações:

- Referindo-se a cada área (grupo de quatro), você vai perceber que três cartas lidam com o passado e o presente de uma situação, com a quarta mostrando o que virá.

- Alternativamente, a carta 2 pode mostrar uma situação existente, com as cartas 3 e 4 indicando como os eventos vão progredir e a carta 1 mostrando qual será o foco principal.

A única regra aqui é que as cartas já são lidas em progressão 2-3-4; ou seja, você não pode "voltar". A energia sempre vai da esquerda para a direita, do passado ou do presente para o futuro.

Se, por exemplo, a carta 2 representasse o presente e a carta 3 mostrasse eventos futuros, então a carta 4 nunca poderia indicar um aspecto passado. As cartas podem mostrar passado-presente-futuro, presente-presente-futuro ou presente-futuro-futuro, e às vezes todas podem mostrar eventos futuros, mas nunca o contrário. Pense no tempo como é de fato — sempre seguindo em frente.

As cartas-chave

A carta no alto de cada grupo é uma carta-chave, ou consolidação. Isso significa que ela vai informar você:

- aquilo que é uma influência importante agora;

ou

- aquilo que será importante no futuro.

Assim, as cartas 1, 5, 9, 13 e 17 são relevantes para cada área da vida como cartas-chave, e devem unir as outras três cartas, dentro de seu próprio grupo particular de quatro.

Impacto sobre agrupamentos em área

Você verá que se uma área da vida de um cliente tem um significado especial, ela vai literalmente se espalhar por outras áreas. Não se preocupe se, por exemplo, as cartas da área de trabalho do cliente parecerem continuar ou se repetirem em áreas como o lar ou os relacionamentos. Esse fato em si já está lhe dando informações vitais, por isso se uma área trata do "lar", não se sinta obrigado a fazer com que as cartas se encaixem, quando é evidente que isso não acontecerá. No entanto, a denominação da área ainda é importante.

Veja a seguir alguns exemplos:

- A vida do cliente não é equilibrada e ele está propenso a se concentrar demais no aspecto profissional; pode ser um *workaholic*, ou seja, viciado no trabalho.
- O trabalho tem prioridade nessa época e os resultados afetam outras áreas da vida do cliente (promoção ou medo de dispensa, por exemplo), e por isso esse é o principal foco do cliente.
- O cliente trabalha em casa ou sua empresa é familiar.
- Ele pode estar pensando em trabalhar em casa ou obtendo um empréstimo cuja garantia é a casa da família.
- Faz sentido pensar que um homem à beira da falência ficaria sobrecarregado com pensamentos relacionados a finanças, e que essa situação obviamente teria impacto sobre todas as outras áreas de sua vida.

- Do mesmo modo, pessoas prestes a se casar (ou a se separar) provavelmente terão cartas de relacionamento aparecendo em outras áreas de sua vida.
- Cartas relacionadas com o amor encontradas na área do trabalho são muito comuns, e costumam indicar um relacionamento que começa com alguém que o cliente conhece no trabalho, ou que de algum modo está relacionado à vida profissional.

Estes são apenas alguns exemplos de como circunstâncias diferentes podem afetar outras áreas na vida de um cliente. Dê um tempo a si mesmo e permita que o Tarô converse com você. Deixe as cartas transmitirem as informações que querem lhe passar, sem sentir a necessidade de estereotipá-las em caixas.

É importante não tirar conclusões precipitadas: ainda há um motivo para que a tiragem seja dividida em áreas por tópicos. Se a leitura completa não tivesse nada fixo, não haveria estrutura alguma, apenas 21 cartas tiradas e dispostas em sucessão.

Você precisa explorar as possibilidades de cada área. Uma oferta de trabalho na área do amor pode indicar que a parceira do cliente está sugerindo que ambos criem uma empresa juntos, ou talvez que a parceira representa um contato para um novo emprego. Você entendeu como as combinações podem funcionar? Por isso, o título da área de agrupamento ainda é relevante.

Conexão com a Tiragem em Âncora

Sempre consulte a Âncora — considere-a sua "leitura de esclarecimento", pois ela sempre tem precedência em virtude de as cartas serem Arcanos Maiores. Outra característica interessante aqui é que se uma das cartas dos Arcanos Maiores aparece repetida — ou seja, surge em ambas as tiragens — terá um significado muito forte na leitura.

Como exemplo, vamos presumir que na área do amor da Tiragem da Vida você encontra um rei que representa o parceiro, o Três de Espadas (discussões) e o Cinco de Paus (conflitos). A carta-chave mostra o Dois de Espadas (impasse), mas na Âncora você vê a Temperança na área do amor. Embora seja possível ver que o casal está tendo problemas e que, devido à progressão, notamos que do jeito que as coisas estão o potencial futuro não mostra solução, a carta da Temperança na Âncora proporciona orientação e compreensão do modo como a situação pode ser resolvida. Entendendo isso, o cliente pode romper o impasse, com a esperança de atingir a harmonia e a cooperação em seu relacionamento.

Geralmente, outras cartas podem fortalecer isso, em posições futuras, mas depende de quão prioritária é a situação em relação às outras áreas da vida do cliente neste momento. Assim, as cartas da Âncora fortalecer informações existentes na Tiragem da Vida ou podem proporcionar mais informações.

Tudo isso pode parecer bem complicado, mas eu garanto que, na prática, é mais simples! Essas tiragens combinadas são extremamente úteis para se extrair todo tipo de informação proveitosa para o cliente, algo que você ignoraria com um tipo de tiragem diferente.

Não é necessário que os clientes lhe digam tudo antes de começar a leitura; na verdade, você não quer que o façam, pois as cartas vão revelar tudo o que você precisa saber. No entanto, explique aos clientes que você precisa fazer perguntas para esclarecimentos, mas que só necessita da informação relevante para sua resposta — e não a história completa de suas vidas (porque você não quer se deixar influenciar pela perspectiva do cliente ou ter seu julgamento afetado nesse estágio). Além disso, você pode se ver na situação em que os clientes lhe dizem tudo e, depois, quando você ler as cartas, terá a impressão de que está repetindo as palavras deles.

Não me entenda mal: uma leitura deve ser sempre uma rua de duas mãos. É a leitura do cliente e em benefício dele, e não seu. Você não está ali para impressioná-lo ou entupi-lo com fatos espantosos! Com essa leitura, você vai precisar estabelecer quais são os eventos que atualmente cercam o cliente, a fim de acompanhar a progressão, e por isso a leitura deve ser desenvolvida com sensibilidade. Você perceberá que isso deixa os clientes muito à vontade, pois você irá apresentar informações que não teria como saber e vai ajudá-los a ter confiança em você durante a troca de informações ao longo da leitura.

Combinadas, essas duas leituras devem proporcionar tudo aquilo de que os clientes precisam saber, mas eles também podem lhe fazer perguntas depois de encerrada a leitura. Em nove de cada dez leituras a resposta de que precisa estará nesse formato de tiragem, sem que seja necessário fazer uma nova. É um bom formato para trabalhar! Insista nele, pois, assim que pegar o jeito, provavelmente você vai adotá-lo. Como sempre, treine em leituras pessoais, registre os resultados e suas interpretações, depois deixe uma folha em branco para poder voltar e registrar os eventos tal como ocorreram.

O tempo e a Tiragem da Vida

Você verá que os eventos mostrados nessa tiragem começam a acontecer para o cliente quase que de imediato. Geralmente, aparecem após três a seis meses. Já vi situações nas quais outros eventos da leitura demoram um pouco para ocorrer, mas muito raramente passam de doze meses.

Nesta leitura, não uso o sistema de datação com os ases — principalmente devido ao aspecto não fixo, mas, em toda leitura, geralmente há outras cartas que mostram antecipação ou atrasos nas questões, ou a necessidade de paciência, que tende a dar certa indicação da velocidade com que os eventos irão se suceder.

Toques Finais

Parte Cinco

VIGÉSIMO PRIMEIRO PASSO

Associações de cartas

Talvez mais do que qualquer outra, a Tiragem da Vida requer sensibilidade às influências de cada carta sobre as outras. Lembre-se de que com essa tiragem você está sempre lendo uma progressão de eventos, e as três cartas seguem-se uma à outra na ordem em que aparecem, da esquerda para a direita.

Com três cartas, fica mais fácil perceber quando uma carta parece "confinada", tal como uma carta negativa "ensanduichada" entre duas positivas — ou mesmo uma carta que parece inteiramente destacada das outras. As cartas dos Arcanos Maiores exercem maior influência, mas seus resultados podem ser retardados, limitados ou alterados por outras cartas.

Nesse caso, podemos ver a ilusão em funcionamento. Embora os Enamorados estejam no centro, a carta seguinte mostra desapontamento e remorso. As outras duas cartas abafam a influência positiva dos Enamorados.

No entanto, o significado isolado das cartas mostra o que se pode esperar. Mesmo que a carta dos Enamorados fosse trocada pelo Sol, uma das cartas mais positivas, ainda assim isso indicaria que a situação pode parecer promissora ou que traz alívio, mas no final provocar desapontamento.

Contudo, se as cartas saíssem desta forma:

Como progressão, você estaria fazendo uma interpretação bem diferente.

Procure sempre as cartas próximas para ver como as energias se fundem. Estão em harmonia umas com as outras? Se forem energias opostas, o que mostra a carta final? Há uma carta "sufocada" pelas cartas negativas que a rodeiam? Do mesmo modo, uma carta negativa cercada por cartas positivas pode mostrar que o resultado não será atingido com facilidade, ou que a situação talvez não seja tão perfeita quanto o cliente gostaria, mas não se deve descartar um resultado positivo.

De modo similar, lembre-se da progressão dos naipes — com que números do naipe você está lidando. O Três de Espadas, por exemplo, pode mostrar discussões, mas seu efeito nem de longe é tão ruim quanto o do Dez de Espadas. O Nove de Espadas entre cartas positivas mostra que o cliente está preocupado à toa, mas se estiver com o Dez de Espadas ou com a Torre, a preocupação pode ser justificada.

Leia sempre as cartas individualmente, pois cada uma tem sua própria interpretação, mas lembre-se de que os significados são influenciados e/ou alterados pelas cartas com que aparecem.

Exemplo de Tiragem da Vida

Eis uma combinação interessante que apareceu de fato para um cliente na área futura da Tiragem da Vida:

A área de trabalho do cliente mostrou um elemento de engano e de furtividade: o Cinco de Espadas com o Rei de Ouros, o Ás de Ouros e a Torre. Isso parecia indicar um contador ou gerente de banco, juntamente com documentos importantes (balanços de empresa). Isso não parecia bom com a Torre lá no final, mostrando o término inesperado de uma situação na qual o cliente acreditava.

A combinação de cartas na área futura (indicada acima) foi uma mistura curiosa, pois pareciam contraditórias ou confusas. Tive a sensação de que, se eu as reordenasse, elas até fariam sentido. No entanto, mantendo-me fiel ao que diziam as cartas, elas mostraram uma situação relativa a uma grande soma em dinheiro que poderia afetar a casa do cliente (o Dez de Ouros), mas que o cliente estava recebendo o que era seu por direito (o Seis de Ouros); contudo, isso parecia afetado por alguém que não estava disposto a repartir, talvez alguém "ambicioso", mas que tinha grande cuidado ao gastar (o Quatro de Ouros). Fui diplomática quando fiz a interpretação, alertando sobre o perigo de perda financeira (Cinco de Ouros).

Com base na descrição do Quatro de Ouros, o cliente disse que essa pessoa lembrava seu sócio. Depois da leitura, ele analisou o que foi dito e descobriu que, sem o seu conhecimento, seu sócio tinha ido a reuniões com contadores e advogados e analisou as contas da empresa, com vistas a encerrá-las. Meu cliente dependia da empresa, e por isso a atitude do sócio iria deixá-lo sem rendas, enquanto o sócio tinha outros recursos financeiros. Alguns aspectos legais da situação também apareceram, mas basta dizer que havia informações suficientes para que ele pudesse agir. Levando em conta as cartas que apareceram na área de trabalho, estas foram bem precisas quanto à situação que estava se formando e da qual o cliente não tinha conhecimento prévio. Como você pode ver, isso indica que as cartas podem ser bem literais.

Embora a interpretação parecesse um tanto estranha para mim, fez muito sentido para o cliente. Obviamente, a leitura suscitou questões sobre seu futuro e se ele iria querer manter a empresa com aquele indivíduo. Felizmente, a Âncora mostrou que coisas boas o aguardavam, mas o *insight* proporcionado pela Tiragem da Vida permitiu-lhe fazer planos com antecedência em vez de ser pego de surpresa pelo sócio, o que iria deixar meu cliente numa posição mais do que inconveniente.

As cartas com as quais você não consegue lidar direito

Depois de algum tempo, você verá que pode haver algumas cartas com as quais você não consegue se conectar — ou detesta quando aparecem. Todos nós temos cartas que nos "dão branco". Mais do que qualquer outra, eu odiava os Cincos — preferia encontrar a Torre a um cinco! Nesse momento, é preciso fazer uma autoanálise.

Tire do baralho as cartas que você acha que lhe "dão branco". Faça isso também com as cartas de que não gosta ou que provocam reações fortes. Depois, concentre-se em cada uma e faça as seguintes perguntas:

- Há alguma situação na vida que você está evitando e que se liga a essas interpretações?
- Você teve em sua vida alguma experiência anterior particularmente ruim da qual se recorda sempre que vê essa carta?

É importante identificar seus receios quanto a essas cartas. As minhas eram o Cinco de Espadas e o Cinco de Copas, um reflexo de algumas experiências dolorosas. Percebi que sempre que essas cartas apareciam, imediatamente evocavam antigos "fantasmas", pois eu só as relacionava com aquela situação. Mas o Cinco de Copas também pode significar remorso (nem sempre traição ou perdas) e o Cinco de Espadas pode ser um aviso de que você não está totalmente ciente dos planos alheios — nem sempre estão enganando você. Por isso, sejam quais forem as cartas que lhe causam incômodo, observe-as mais de perto, compreenda o que estão lhe dizendo e passe a ter outra postura diante delas. Sua visão precisa ser equilibrada e sem preconceitos; do contrário, como você pode ajudar seu cliente, ou a si mesmo, em suas leituras?

Isso pode parecer uma contradição, pois eu lhe disse antes para registrar as experiências pessoais que cada carta evoca, a fim de compreender bem a interpretação de cada uma. Mas é interessante, ao ler todas as interpretações originais que você registrou, perceber como você pode ter se concentrado apenas numa parte delas. Revelador, não? Se você voltar agora e ler suas interpretações originais e o registro de suas experiências pessoais, elas vão lhe mostrar muito sobre seus sentimentos íntimos. Se for o caso, agora reserve algum tempo para acrescentar outras experiências que se relacionam com os outros significados dessa carta — as áreas que seu subconsciente ignorava originalmente.

É um exercício muito útil para autoexame, identificação e enfrentamento de nossos próprios medos, pois não queremos projetá-los sobre nossos clientes.

Sobre as cartas "embaraçosas"

Como disse antes, todas as cartas têm sua própria relevância, mas são influenciadas pelas cartas vizinhas. Na vida, tudo é equilíbrio. Toda a lição dos Arcanos Maiores resume-se a mesclar e combinar os opostos a fim de atingir a perfeição que almejamos na vida (o que aparece na culminação do Mundo). Raro é o indivíduo que consegue fazer isso sem alguns conflitos ou adversidades no caminho.

Como tarólogo, é importante tratar com sensibilidade todas as leituras de seus clientes. Perceba que todos lidamos com as situações de maneira diferente; o que é traumático para mim pode não ser tanto para você ou para os outros. As cartas tidas como "negativas" têm seu lugar em nossa vida, mas o que faz a diferença entre um indivíduo e outro é o modo como lidamos com a situação.

Já falei que o Diabo pode ter um aspecto positivo, e sua influência negativa é, no máximo, a autoescravização, da qual a pessoa pode se libertar mudando suas atitudes ou agindo diretamente.

Embora os efeitos da Torre sejam desconfortáveis, essa carta sempre segue eventos baseados em falsas crenças. Talvez isso não console muito os clientes quando as coisas começam a desmoronar, mas a Torre os liberta de uma falsa situação que antes era ignorada. Portanto, ela vai lhes mostrar a oportunidade de melhorarem suas vidas no futuro, tal como ocorreu com o cliente que tinha a Torre na área de trabalho e uma situação delicada com seu sócio.

A carta da Morte mostra mudanças importantes, e já vimos que nem sempre isso é negativo. No entanto, ninguém gosta de mudanças; elas são desconfortáveis. Mas a maioria de nós já enfrentou diversas mudanças importantes na jornada da vida. Se pudéssemos escolher, na época, provavelmente não a teríamos aceitado prontamente — afinal, quem quer romper um relacionamento, perder o emprego, fazer um negócio que dá errado ou mudar-se para outro bairro se aquele onde estávamos era melhor? Mas é espantoso ver como essas mudanças importantes levam a novas oportunidades, que nunca teríamos encontrado de outro modo. Novos e bons amigos, sócios ou alterações no estilo de vida nunca teriam feito parte de nossa vida sem a mudança importante que alterou nossa direção.

Não nos esqueçamos de que quem casa também está enfrentando uma mudança importante na vida, e por isso a interpretação, como vemos, também pode ter um lado positivo. Tal como acontece com as pessoas que têm a Morte ou a Torre na área dos desejos — e que estão desejando mudanças na vida —, nem sempre isso representa um impacto negativo, ou que o cliente irá considerá-lo como tal.

É o medo do desconhecido que costuma nos deter. Portanto, como tarólogo, você tem a oportunidade de proporcionar orientação e esperança para o futuro.

Colocando tudo em perspectiva

Conheci muita gente que ficou desnecessariamente preocupada por causa de tarólogos irresponsáveis. Geralmente, pergunto se elas conseguem se lembrar das cartas que causaram o problema ou o que foi dito, e passei muito tempo tranquilizando, aconselhando e, às vezes, fazendo novas leituras para as pessoas, como resultado da falta de sensibilidade alheia.

Por exemplo:
- A mulher que se debulha em lágrimas porque lhe disseram que ela vai se divorciar.
- A cliente a quem disseram que ela ou seu parceiro estão tendo ou terão um caso.
- Disseram a um homem que um ente querido ia morrer.
- Clientes a quem contam que vão perder a casa/emprego/renda/parceiro/filho.

O que seus amigos ou clientes dizem quando saem de sua leitura? Que impacto você teve em suas vidas? Você os ajudou ou deu-lhes mais motivo para preocupação? Não estou sugerindo que minta para as pessoas e que torne todas as suas leituras falsamente reluzentes caso não o sejam, mas seu principal foco com cada cliente deveria ser tentar ajudá-lo.

Ajude os clientes a perceber que, em última análise, eles têm controle sobre o seu destino. Caso não gostem do rumo que o futuro está tomando, que medidas podem adotar para que consigam um resultado melhor? O que necessitam enfrentar realisticamente para lidar com a mudança?

O futuro não está escrito em pedra, mas invariavelmente vejo que o leitor passou uma interpretação errada, causada, às vezes, apenas por uma carta. Por isso eu afirmei: "uma carta isolada não faz uma leitura". Exemplos típicos de interpretações erradas incluem o Três de Espadas lido como divórcio e a carta dos Enamorados lida como um caso extraconjugal; sei que nem preciso mencionar outras hipóteses. Muitas das pessoas de que falo tornaram-se minhas amigas ou clientes regulares, tendo me procurado depois de uma leitura chocante, e posso dizer honestamente que, em cada caso, aquilo que essas pessoas ouviram de outros tarólogos nunca aconteceu.

Num dos casos, disseram a uma cliente que ela iria se divorciar. Ela estava bem casada, não tinha sinais de problemas e desejava apenas uma leitura geral. Acontece que o Três de Espadas apareceu solto, sem cartas de apoio como a Morte, a Torre ou o Dez de Espadas. Se o tarólogo tivesse se preocupado em perguntar, teria descoberto que, na época, o marido dessa mulher estava trabalhando longe de casa e ambos sentiam muito a falta um do outro. Até hoje estão bem casados.

Como sei que você percebeu, é um assunto sobre o qual você pode ficar passional ao testemunhar os danos que esses supostos tarólogos podem fazer, tanto à pessoa para quem fazem leituras quanto para a reputação de tarólogos que se conduzem de forma profissional, ética e conscienciosa. Espero que agora compreenda por que tentei incutir em você a importância de realizar leituras prévias para si mesmo, analisando as interpretações em seu diário e, finalmente, tratando a vida de outras pessoas com grande sensibilidade.

Sobre doenças

Você deve ter percebido que não falei nada sobre doenças. Este é um assunto traiçoeiro. Ouvi casos de tarólogos que têm sistemas para associar doenças a certas cartas, mas devo dizer que isso nunca funcionou comigo. Pelo menos, essa foi a minha experiência, e fiquei bem interessada em investigar o assunto, pois também pratico cura. Na maioria das vezes, vemos que as cartas mostram recuperação e cura. Devo reiterar, mais uma vez, que o estado mental da pessoa pode ter um grande efeito sobre a saúde.

No entanto, o que descobri é que geralmente, quando surge um problema sério de saúde com um cliente, o tarólogo ou o sensitivo não costumam detectá-lo. Por que isso? Em minha opinião, e com base em discussões com excelentes sensitivos que conheço, aparentemente não teria sido bom para essa pessoa saber — e por isso o sensitivo nunca recebeu a informação para transmiti-la. Astrólogos védicos, numa ciência muito precisa, contariam uma história semelhante sobre o tempo potencial que levará para a pessoa deixar seu corpo terrestre, com base no mapa natal. É uma área da espiritualidade que se presta a muita discussão, para aqueles que estão interessados nesses assuntos.

Perdoe-me se dei alguns exemplos pessoais, mas só os compartilhei com você na esperança de que eles possam ajudá-lo a entender. Uma vez, sofri um acidente bem simples, mas tive ferimentos terríveis que acabaram me deixando de cama por mais de um ano. Foi doloroso! Eu tinha consultado uma médium muito boa pouco tempo antes, mas ela não me disse nada sobre esse assunto. Mais tarde, quando lhe perguntei por que ela não me disse nada, a médium respondeu que não tinha recebido a informação. Quando discutimos o aspecto espiritual disso, tudo fez muito sentido. Imagine se eu tivesse sabido — será que o teria impedido? Eu nem sairia de casa! Agora, percebo que foi uma de minhas experiências de aprendizado mais importantes, e pouco depois disso as pessoas começaram a me procurar para curas. Mas, se eu pudesse escolher, nunca teria desejado o acidente.

Às vezes, é melhor ficar sem conhecer os caminhos misteriosos do universo. Algumas coisas fazem parte do nosso destino e não podemos evitá-las, mas são para nosso próprio bem ou têm lições importantes para as pessoas queridas cujas vidas tocamos.

Meu pai foi uma das pessoas mais gentis que alguém gostaria de conhecer, e por isso cuidar dele e vê-lo sofrer em seus últimos anos com uma doença terrível como o mal de Alzheimer me pareceu bem injusto. Cuidamos dele em casa, junto com minha mãe, e isso envolveu meus dois filhos adolescentes, em cujas vidas ele sempre teve um papel importante. Foi difícil para todos nós e levei um bom tempo para me acostumar com a situação e para começar a ver a questão do ponto de vista espiritual. Mas, e meu Tarô, disse alguma coisa? Não. Antes de meu pai morrer, isso apareceu nas cartas? Não. Eu senti a sua energia se esvaindo, mas não obtive nem um horário, nem uma data, e quando recebi o telefonema, a notícia foi inesperada. Será que eu me beneficiaria se soubesse de antemão? Creio que não.

É importante perceber que você só pode dar ao cliente a informação que o Tarô lhe passa. Usar a intuição para ler as cartas é uma coisa; sair pela tangente da clarividência é outra. Há sensitivos que trabalham apenas com questões ligadas à saúde e têm o dom de ver de fato o que há de errado com uma pessoa, percebendo doenças não diagnosticadas ou discutindo problemas de saúde antigos, cuja existência não teriam como saber — mas esse é um tipo de trabalho bem diferente daquele que fazemos com o Tarô.

Se fosse bom para nós chegarmos a este planeta com nossa vida disposta claramente à nossa frente, então todos chegaríamos com um manual detalhado, de instruções, que traria cada evento claramente definido. Mas a vida é feita de experiências pessoais, de nossa jornada através das lições — de nosso crescimento como almas e de nosso propósito para estarmos aqui. Nossas experiências de vida nos testam e nos moldam; oferecem-nos escolhas sobre o modo como reagimos a elas, crescemos e aprendemos com elas.

Como tarólogo, você é um farol que ilumina o caminho; um feixe de luz para ajudar uma alma confusa a descobrir seu caminho através de momentos de escuridão e a encontrar o caminho de casa através do nevoeiro. Não somos os arautos do caos. Avalie com cuidado seu papel, pois as pessoas tendem a consultar os tarólogos quando sentem que perderam momentaneamente o rumo, quando estão confusas ou precisam de um raio de esperança. E acredito que há esperança para todos. Nunca subestime o poder da crença.

Em suas leituras, você verá que as cartas mostram épocas de tensão ou períodos em que o cliente se sente assoberbado, e se isso não for cuidado, pode levar a doenças. Obviamente, indicações como o Quatro de Espadas seguido do Nove ou do Dez de Espadas são diferentes daquelas em que o Nove é seguido pelo Quatro, por exemplo. Mas, por favor, vá com calma e não se precipite nas conclusões. Você pode enxergar tempos difíceis à frente e ficar frustrado pela falta de mais informações... mas no devido tempo, você vai entender a razão.

Nem sempre podemos controlar aquilo que acontece à nossa volta, mas podemos controlar nossas reações diante dos fatos, e podemos ajudar aqueles que procuram nossa orientação.

Combinações de cartas

Combinações de cartas tendem a indicar eventos específicos. É sempre importante procurar um respaldo ou confirmação em outras cartas, e por isso eu as incluí em grupos específicos, nos quais os significados se sobrepõem ou se fortalecem mutuamente.

A seguir, apresento algumas que se mostraram efetivas para mim, mas a lista não esgota o tema, não é definitiva e nem gravada em pedra. Só a apresento como um guia básico que você pode levar em conta em suas leituras. Observe primeiro essas combinações em suas leituras pessoais, depois registre a leitura da forma habitual e verifique os resultados. Com relação às cartas "negativas", por favor, confira sempre a posição do cliente antes e use de sensibilidade para transmitir uma postura conscienciosa e cuidadosa, como vimos, e se você não pode ajudar numa área, a questão não é exibida.

Na tiragem, as cartas mostradas devem estar em progressão, aparecendo lado a lado ou próximas umas das outras (conquanto que outras cartas não interfiram), com cartas de reforço em outros pontos da tiragem para fortalecer a interpretação.

É importante perceber que o compromisso num relacionamento e a ideia de permanência nem sempre se traduzem mais em casamento; isso se aplica especialmente a relacionamentos entre pessoas do mesmo sexo. Entretanto, cartas que representam documentos legais (certidão de casamento) e lugares ligados à lei, como igrejas ou cartórios, às vezes indicam casamento tradicional.

Há várias combinações que tratam de relacionamentos, pois, como você descobrirá, as perguntas sobre esse assunto geralmente são as mais comuns.

Gravidez/nascimento	Ás de Paus e a Imperatriz (lado a lado)
Convite para batizado	Valete de Copas — a Imperatriz — o Hierofante e o Três de Copas
Convite de casamento	Valete de Copas — o Hierofante — os Enamorados e o Três de Copas
Casamento/compromisso	Ás de Ouros — os Enamorados — Dez de Copas ou Ás de Copas — os Enamorados — Dez de Ouros
(com reforço)	Justiça — Quatro de Paus — o Hierofante — Três de Copas — a Imperatriz — a Temperança — o Sol
Planos de casamento	Dois de Copas (ou os Enamorados) — Quatro de Paus e Três de Copas
Declaração de amor	Cavaleiro de Copas — Ás de Copas — os Enamorados
Proposta de compromisso	Cavaleiro de Copas — Dois de Copas — os Enamorados (ou a Imperatriz)
Relacionamento sério com planos para o futuro	Dois de Copas — o Sol (lado a lado)
Casamento, vida familiar ou relacionamento permanente	Dez de Copas — o Sol (lado a lado) ou Dez de Ouros — o Sol
Reconciliação e renovação do casamento	O Julgamento — Dois de Copas — a Temperança (ou a Estrela) ou o Julgamento — Seis de Copas — os Enamorados — a Temperança
Compra e venda de propriedades, casa nova	Cavaleiro de Paus — Dez de Ouros — Ás de Ouros — Justiça
Recuperação de doença	Quatro de Espadas — Seis de Espadas — a Estrela — o Julgamento — a Temperança
Heranças	Ás de Ouros — Justiça — Seis de Ouros — Dez de Ouros — Rei de Espadas — às vezes Nove de Ouros

Novo emprego	Ás de Paus — Oito de Ouros
Promoção no emprego e aumento de salário	Seis de Paus — Seis de Ouros
Situação que ressurge do passado	O Julgamento — Cavaleiro de Ouros — Seis de Copas — Oito de Paus
Fim de relacionamento	Três de Espadas — os Enamorados — Dez de Espadas — a Morte
(outras cartas confirmam)	A Torre — Cinco de Copas — Oito de Copas O Dois ou o Dez de Copas podem aparecer no lugar dos Enamorados, mas precisariam estar "ensanduichados" do mesmo modo
Cliente sendo enganado	Cinco de Espadas — a Lua — Sete de Espadas — o Diabo — Valete de Paus — Cinco de Copas
Cartas de estresse (quanto mais dessas cartas aparecem, maior o efeito)	Sete de Paus — Dez de Paus — Oito de Espadas — Nove de Espadas — Cinco de Ouros — Cavaleiro de Espadas — o Diabo — a Lua — a Morte — a Torre

VIGÉSIMO SEGUNDO PASSO

Vivendo com o Tarô

Durante seus estudos, provavelmente o Tarô tornou-se parte importante de sua vida, e, espero, uma parte agradável. Ao longo deste livro, fiz referência constante ao uso das cartas para leituras pessoais, pois esta é uma parte essencial de seu processo de aprendizado. Ao fazê-lo, quis me assegurar de que deixei claro algo muito importante.

Embora eu saiba que a maioria dos tarólogos consulta suas próprias cartas, eles não dependem demasiadamente delas. No começo, é possível que você consulte o Tarô sobre qualquer coisa, mas, com a experiência, você deve adotar uma postura mais realista. Por exemplo, não consulto o Tarô todas as manhãs para saber o que o dia me trará, e nem consulto as cartas sobre problemas simples, que posso muito bem resolver sozinha. É importante desenvolver um relacionamento saudável com as cartas, a fim de viver harmoniosamente com elas.

O Tarô não é uma muleta. No entanto, para uma avaliação geral, ou quando você precisa de orientação para um problema importante ou caso queira saber como lidar com uma situação complexa, ele é muito valioso. Na verdade, é uma questão de bom senso; o Tarô pode ajudá-lo em seu caminho, mas não deve dominá-lo e nem ditá-lo. Se você perceber que está fazendo perguntas às cartas a respeito de tudo e de qualquer coisa antes de tomar uma decisão, está se tornando excessivamente dependente dele. Há uma diferença entre necessitar de conselhos e bom senso, e estou certa de que não preciso esclarecer isso nem ofender sua inteligência tentando fazê-lo.

Leituras para terceiros

Há vários pontos a se considerar antes de você estar pronto para fazer leituras para terceiros e, antes disso, espero poder ajudar a mostrar alguns prós e contras.

Sem querer arrefecer seu entusiasmo, ler para terceiros pode ser uma faca de dois gumes. Por um lado, pode ser imensamente gratificante; por outro, às vezes pode ser frustrante. Felizmente, tende a ser mais a primeira do que a segunda hipótese, se você estabelecer as coisas corretamente desde o princípio e agir segundo a boa ética.

Primeiro, você precisa analisar a legislação do lugar onde mora, pois não é bom descobrir que você está trabalhando na ilegalidade.

Em segundo lugar, vai ajudá-lo muito se você deixar claro para as pessoas que o consultam o que podem esperar — em outras palavras, o que é ou não possível, quanto tempo a leitura vai durar, seu formato e sobre o envolvimento delas no processo — pois a leitura é uma troca, e não um teste psíquico para ver quanto você consegue descobrir sobre a pessoa sem que esta lhe diga alguma coisa!

Geralmente, é aqui que entra a questão de cobrar ou não pelas leituras. A dificuldade é que se você fizer leituras de graça (e for bom nisso), vai receber um monte de pedidos à medida que a notícia se espalhar. Embora isso possa parecer um elogio no começo, chega uma hora em que aquilo que era uma diversão acaba se tornando uma obrigação. Se você se sente feliz em fazer leituras de graça, não há problema — mas se você é do tipo de pessoa que terá dificuldades em ser assertivo depois (dizendo "não", porque não é conveniente) ou corre o risco de ser explorado, há algumas medidas que podem ser tomadas para que isso não aconteça.

Aos amigos mais próximos, você pode se oferecer para fazer leituras de graça, mas diga-lhes que se outras pessoas que eles conhecem quiserem leituras, você terá de cobrar por seu tempo. Meus amigos foram muito bons, pois sempre se ofereceram para pagar pelas leituras; no entanto, em vez de aceitar o pagamento, eu pedi que divulgassem meu trabalho para terceiros. Isto, por sua vez, pode lhe trazer novas referências, e nem você, nem seus amigos vão se sentir desconfortáveis.

Você pode usar suas leituras como troca de energias ou de favores — algumas pessoas se sentem bem mais à vontade agindo dessa maneira, especialmente se você não quer se preocupar com o transtorno das entradas de dinheiro que precisam ser justificadas ou submetidas à tributação, e assim por diante. Você pode trocar o favor por serviços de *baby-sitting* ou de jardinagem, um corte de cabelos e assim por diante. As pessoas me mandam também presentes pelos quais eu não espero, como agradecimento por uma leitura que lhes foi útil.

Não há nada de errado em cobrar por leituras; você está oferecendo às pessoas seu tempo e sua habilidade, tal como faz com qualquer coisa pela qual se paga em dinheiro. Você não espera que consertem seu carro de graça só porque a pessoa pode fazê-lo, não é? Para determinar quanto deve cobrar pelos seus serviços, pense no valor do seu tempo, na sua experiência e no que é um preço justo em sua região.

Além disso, pense se você vai dedicar ao Tarô parte do seu tempo ou se ele será uma atividade de tempo integral; há uma boa diferença. Nunca me esqueço de uma conversa que tive com uma sensitiva profissional. Ela era muito boa e fiquei surpresa ao descobrir que às vezes ela ficava entediada. Ela explicou que todos os dias ouvia o mesmo tipo de pergunta, e que era imensamente frustrante saber que algumas pessoas nunca aprendiam, independentemente dos conselhos que ela dava. Ela não se sentia assim o tempo todo, mas foi um *insight* muito valioso para mim.

Você quer que sua leitura de Tarô pareça um "emprego"? Só você pode responder. Há uma diferença entre fazer alguma coisa porque gosta e fazê-la porque precisa pagar as contas. Acredito que, quando você pensa da segunda maneira, corre o risco de perder a paixão pela coisa. Não estou, porém, sugerindo que todos que trabalham com o Tarô em tempo integral se sentem ou vão se sentir assim — algumas pessoas adoram o que fazem! Mas no momento você está analisando uma atividade profissional e tudo que ela acarreta. Precisa levar em conta a renda de que precisa para se sustentar e pagar suas despesas profissionais, como irá conseguir uma clientela e que vai precisar de um lugar para trabalhar. Se é na sua casa, pode garantir que não haverá crianças chorando, televisão no último volume ou cães latindo? Tal como ocorre com qualquer outro negócio, vai levar algum tempo para se desenvolver, e você não vai ter sucesso da noite para o dia. Por isso, lembre-se de que há muitas coisas a se considerar.

Leituras para menores de idade

Sempre recomendo que se obtenha a permissão dos pais antes de fazer leituras para jovens — infelizmente, pode haver mal-entendidos sobre as cartas e ainda há aqueles que associam incorretamente o Tarô a forças malignas ou sinistras. Não será bom ser acusado de coisas como essas por um pai enfurecido. Além disso, os adolescentes podem ser muito sugestionáveis, e por isso suas leituras precisam ser feitas com mais cuidado do que se fossem para adultos.

Os adolescentes passam por dificuldades tão sérias quanto os adultos. Talvez por causa de nosso atual modo de vida, os jovens de hoje se sentem mais pressionados e passam por mais estresse e problemas do que antes, afetando-os seriamente. Basta ver o aumento no índice de suicídios e de crimes entre os jovens. Aqueles a quem atendi em minhas leituras acharam-nas estimulantes, ajudando-os a lidar com a vida com mais confiança. Pode ser uma experiência muito compensadora para ambos, mas, por favor, seja cuidadoso, pois os jovens costumam ser facilmente impressionáveis.

Se você tem filhos adolescentes, o Tarô é uma ferramenta maravilhosa. Você vai ficar espantado com aquilo que seu filho vai aceitar e, com os erros, inseguranças e problemas que ele vai admitir tranquilamente, com base no que o Tarô tem a dizer (e vendo que não foi "você" que disse). O conselho não será considerado um confronto ou uma acusação, e, se você fizer a leitura corretamente, será menos tendencioso. Mesmo que você tenha um bom relacionamento com seus filhos e normalmente discuta com eles os problemas de forma aberta, você vai ter uma boa surpresa com a dimensão extra que o Tarô pode dar ao seu relacionamento. Nunca imponho o Tarô a meus filhos e até hoje meu filho nunca me pediu uma leitura, mas minha filha tende a pedir que eu o faça de vez em quando. Isso não substitui seu relacionamento normal, mas pode melhorá-lo. Depois, não se surpreenda se eles pedirem seu livro emprestado para que aprendam por si mesmos.

Algumas palavras finais

Nestes 22 passos, cobri tudo aquilo que você deve saber para fazer boas leituras de Tarô. Com a prática, a experiência e o propósito sincero, o Tarô irá recompensar seu esforço — a persistência compensa.

Sua experiência com o Tarô é uma jornada pessoal, e, como todos os caminhos espirituais, nele você precisa encontrar sua própria "verdade". Até agora, você esteve acompanhando aquela que considero a minha verdade — o que significa que, depois de muitos anos de pesquisa, estudos e prática, é isto que o Tarô representou para mim e é assim que ele funciona comigo.

No início, descobri que é importante você se manter firme com um sistema até compreendê-lo bem, em vez de misturar diversas teorias diferentes, o que pode ser muito confuso e bem contraditório. Mais tarde, percebi que sempre que mudava minhas interpretações ou optava por outros métodos, meus resultados pioravam, o que resultou no sistema que compartilho neste livro. O Tarô tem esse jeito de criar afinidades com você, uma compreensão silenciosa daquilo que você está procurando nas cartas, e, por isso, se você começar a mudar as coisas, elas também se tornam "confusas". Dê um tempo para quaisquer mudanças que você queira introduzir.

Contudo, ao seguir meu sistema, e após ter se tornado proficiente nele, talvez você queira tentar criar o seu próprio, explorando as possibilidades do mundo do Tarô. Há muitos livros novos e teorias interessantes sendo criados o tempo todo, oferecendo pensamentos e visões diferentes. O que tenho a dizer, porém, é que você deve manter o seu diário, testar sempre os resultados e confirmá-los posteriormente, confiando depois na sua intuição que já estará bem desenvolvida. Então, você deve fazer o que é certo para você, para sua verdade. E, naturalmente, você sempre pode consultar o seu Tarô!

Prática, prática, prática — e, finalmente, quando você se sentir satisfeito com suas leituras e confiante consigo mesmo e no

Tarô, então será o momento de começar a oferecer sua habilidade recém-descoberta para seus amigos.

Por enquanto, pelo menos, nosso tempo juntos chegou ao fim. Alcançamos a encruzilhada na qual você toma o seu caminho e eu tomo o meu... espero que você tenha desfrutado de nossa jornada conjunta tanto quanto eu.

Que seu caminho esteja repleto de bênçãos e com a abundância de todas as coisas boas.

Amor e luz,
Josie

Ferramentas e Gabaritos Úteis

Parte Seis

As tabelas e gabaritos a seguir são ferramentas úteis. Contêm apenas palavras-chave, pois a ideia é serem usadas como "auxiliar de memória" e não para repor a descrição completa de cada carta.

Tabela de consulta dos Arcanos Menores

Naipe	Paus	Copas
Elemento	Fogo	Água
	Ação e iniciativa, inspiração, carreira.	Amor e emoções, relacionamentos, criatividade.
Ás	Novo empreendimento ou modo de vida. Gravidez ou nascimento.	Novo relacionamento. Novo início que traz felicidade para todos em casa.
Dois	Realização inicial. Possível parceria.	União importante. Equilíbrio num relacionamento; reconciliação.
Três	Conclusão do primeiro estágio do projeto. Progresso.	Felicidade e realização. Casamento — celebração familiar.
Quatro	Estabilidade. Férias. Planos de casamento.	Tédio e insatisfação.
Cinco	Conflito, discussão, competição.	Desapontamento, abandono ou traição. Arrependimento.
Seis	Sucesso, realização, promoções.	Felicidade do passado. Velhos amigos, antigo amor ressurge.
Sete	Defesa de posição, superação de obstáculos.	Excesso de opções; é preciso escolher. Imaginação.
Oito	Progresso rápido após atrasos. Viagens.	Abandono de um caminho. Desilusão, insatisfação emocional.
Nove	Perseverança; juntar reservas para empurrão final.	Carta do "desejo". Realização emocional e material.
Dez	Excesso de trabalho, cansaço. Necessidade de determinação.	Amor dedicado e satisfeito. Casamento. Vida doméstica feliz.
Valete	Boas notícias ligadas ao trabalho. Criança ativa e alegre.	Notícias alegres de natureza emocional. Criança sensível e criativa.
Cavaleiro	Mudança de casa ou viagem longa. Jovem enérgico.	Proposta amorosa. Jovem romântico e idealista.
Rainha	Mulher calorosa e alegre, sempre muito ocupada.	Mulher bondosa, atenciosa e sensível, de natureza acolhedora.
Rei	Homem empreendedor e dinâmico que pode ser rude.	Homem caloroso e consciencioso, numa profissão criativa ou de cuidados com o próximo.

Tabela de consulta dos Arcanos Menores

Naipe	Espadas	Ouros
Elemento	Ar	Terra
	Intelecto, pensamento analítico, desafios e animosidade.	Aspectos materiais da vida, finanças, bens etc.
Ás	Triunfo sobre a adversidade. Força interior e clareza mental.	Começo de empreendimento de sucesso. Documento importante. Presente.
Dois	Impasse.	Mantendo o equilíbrio com mais de uma área da vida.
Três	Discussão; separação traz tristeza.	Sucesso pelo esforço. Ganhos e reconhecimento.
Quatro	Descanso e recuperação após esforço.	Excesso de cautela, medo de perda. Foco material.
Cinco	Enganos, planos secretos, negócios injustos.	Privação temporária. Defesa com perdas.
Seis	Harmonia após tensão. Longa viagem pela água.	Ganhos com sucesso. Partilha. Presente.
Sete	Diplomacia, não agressão. Situação não é como se espera.	Trabalho e paciência recompensados. Boas notícias financeiras.
Oito	Restrição pelo medo. Retratação.	Novo emprego, empreendimento lucrativo com talento existente.
Nove	Sensação de ansiedade e desespero. Opressão.	Sucesso financeiro e segurança material.
Dez	Desapontamento. Fim de ciclo. Planos fracassados.	Estabilidade financeira e familiar. Propriedades. Heranças.
Valete	Notícias atrasadas ou desapontadoras. Pequeno problema com um filho.	Boas notícias financeiras. Criança estudiosa e metódica.
Cavaleiro	Movimento rápido, caótico. Jovem de raciocínio ágil e sério.	Eventual resultado positivo. Jovem confiável.
Rainha	Mulher perspicaz, eficiente, sensata.	Mulher de valor, capaz e prática.
Rei	Homem de uniforme ligado à lei ou ao governo.	Homem de sucesso que trabalha com dinheiro ou valores.

Tabela de consulta dos Arcanos Maiores

Número	Título	Significado
0	O Louco	Oportunidade inesperada, escolha importante.
I	O Mago	Você tem o talento de que precisa para ter sucesso. Domínio.
II	A Sacerdotisa	Intuição, segredos a serem revelados, potencial inexplorado.
III	A Imperatriz	Alimentando o potencial máximo, casamento, maternidade.
IV	O Imperador	Ambição, autoridade, estabilidade financeira, realização.
V	O Hierofante	Valores tradicionais, pessoa sábia oferece orientação.
VI	Os Enamorados	Relacionamento amoroso, talvez decisões amorosas.
VII	O Carro	Triunfo sobre dificuldades, necessário força de vontade.
VIII	A Força	Gentileza com força e coragem interior.
IX	O Eremita	Afastamento para contemplação, sabedoria interior.
X	A Roda da Fortuna	Mudança de sorte, começo de novo ciclo, progresso.

Tabela de consulta dos Arcanos Maiores

Número	Título	Significado
XI	Justiça	Igualdade, necessidade de mente equilibrada, questões legais.
XII	O Enforcado	Compreensão, perspectiva diferente, autossacrifício.
XIII	Morte	Mudança importante, transformação.
XIV	A Temperança	Paciência, moderação, comprometimento, equilíbrio, cura.
XV	O Diabo	Manipulação, excesso de indulgência, autoescravização.
XVI	A Torre	Destruição de algo construído sobre crenças falsas.
XVII	A Estrela	Esperança, cura, otimismo, tempos melhores à vista.
XVIII	A Lua	Incerteza, ilusão, emoções flutuantes, profundezas nunca vistas.
XIX	O Sol	Sucesso, felicidade, boa saúde, casamento feliz.
XX	O Julgamento	Renovação, ressurgimento, recompensa por bons esforços. Karma.
XXI	O Mundo	Triunfo e realização, sucesso e felicidade.

Gabarito da Cruz da Verdade

Data:
Pergunta:

	5	
4	2	3
	1	

Gabarito da Cruz Celta

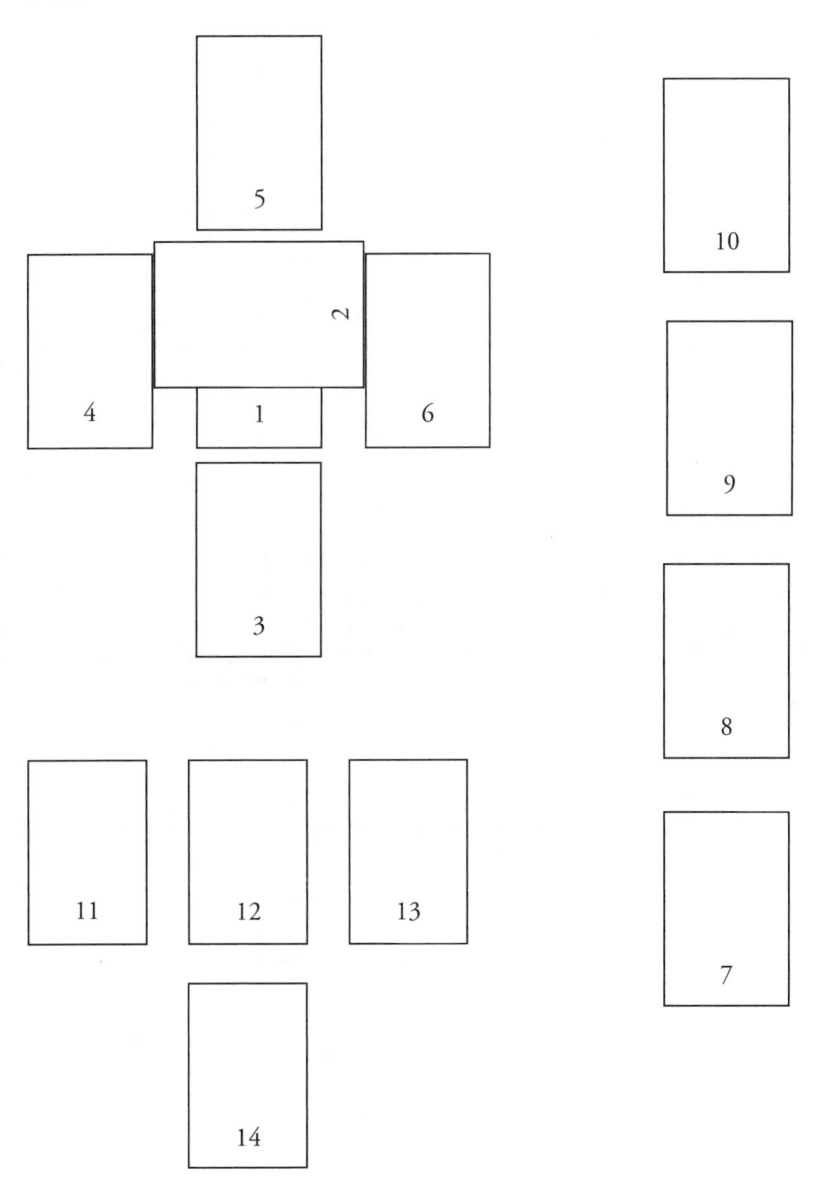

Data:

269

Gabarito da Tiragem da Vida

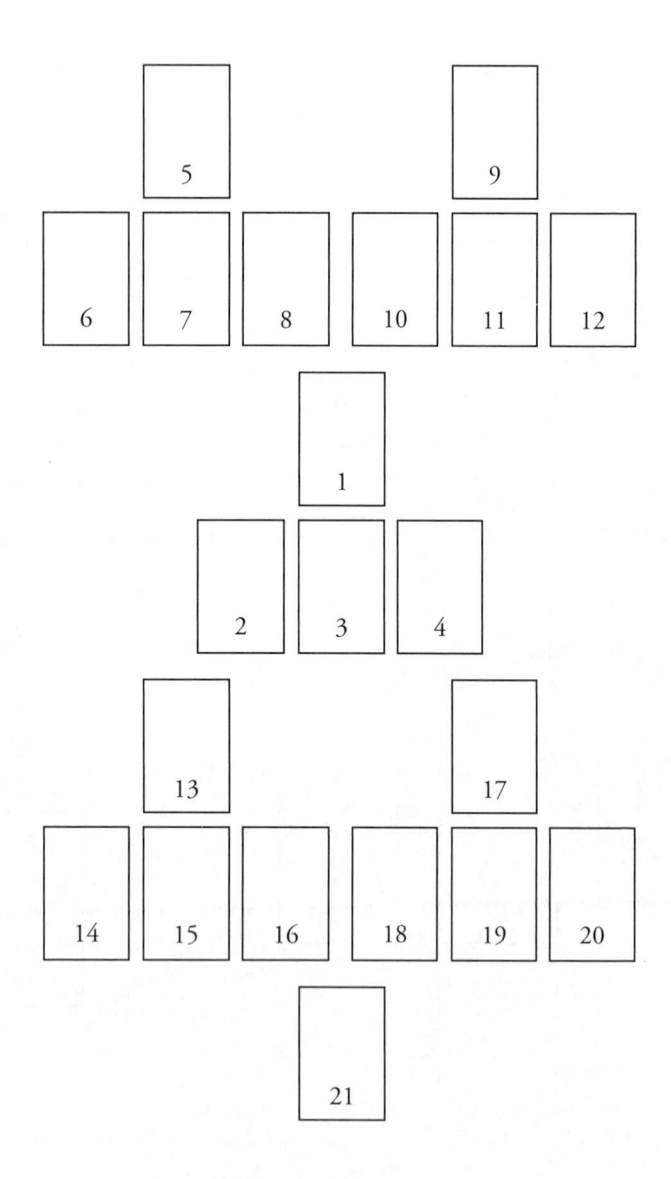

Data:

Gabarito da Âncora

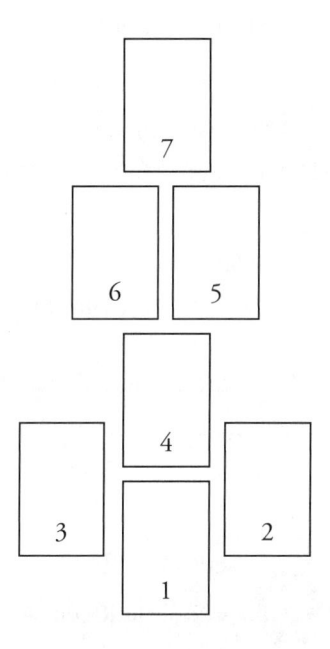

Data:

GRUPO EDITORIAL PENSAMENTO

O Grupo Editorial Pensamento é formado por quatro selos:
Pensamento, Cultrix, Seoman e Jangada.

Para saber mais sobre os títulos e autores do Grupo
visite o site: www.grupopensamento.com.br

Acompanhe também nossas redes sociais e fique por dentro dos próximos
lançamentos, conteúdos exclusivos, eventos, promoções e sorteios.

/ editoracultrix
editorajangada
editoraseoman
grupoeditorialpensamento

Em caso de dúvidas, estamos prontos para ajudar:
atendimento@grupopensamento.com.br

Pensamento Cultrix SEOMAN JANGADA
GRUPO EDITORIAL PENSAMENTO